本書の特色と使い方

この本《ほん》は，国語《こくご》の読解問題《どっかいもんだい》を集中的《しゅうちゅうてき》に学習《がくしゅう》できる画期《かっき》的な問題集です。苦手《にがて》な人《ひと》も，さらに力《ちから》をのばしたい人も，1日《にち》1単元《たんげん》ず[illegible]間《かん》でマスターできます。

① 「パターン別《べつ》」[illegible]で読解力《どっかいりょく》を強化《きょうか》する

「気持《きも》ち」や「理[illegible]に取《と》り組んだあとは，物語《ものがたり》，説明文《せつめいぶん》などのジャンル別問題にチャレン[illegible]題に慣れることで，確《たし》かな読解力が身《み》につきます。

② 反復《はんぷく》トレーニングで確実に力をつける

数《すう》単元ごとに習熟度確認《しゅうじゅくどかくにん》のための「**まとめテスト**」を設《もう》けています。解《と》けない問題があれば，前《まえ》の単元にもどって復習《ふくしゅう》しましょう。

③ 自分《じぶん》のレベルに合《あ》った学習が可能《かのう》な進級式《しんきゅうしき》

学年《がくねん》とは別の級別構成《こうせい》（12級〜1級）になっています。「**しんきゅうテスト**」で実力《じつりょく》を判定《はんてい》し，力のある人はどんどん上《うえ》の級にチャレンジしましょう。

④ 巻末《かんまつ》の「こたえ」で解き方《かた》をくわしく解説《かいせつ》

問題を解き終《お》わったら，巻末の「**こたえ**」で答《こた》え合わせをしましょう。「**指導《しどう》の手引《てび》き**」には，問題の解き方や指導するときのポイントをまとめています。特《とく》に重要《じゅうよう》なことがらは「**チェックポイント**」にまとめてあるので，十分《じゅうぶん》に理解《りかい》しながら学習を進《すす》めることができます。

もくじ

読解力 **12級**

1日 ひょうげんを　よみとる (1)

月　日

シール

1 つぎの　文《ぶん》しょうを　よんで、あとの　といに　こたえましょう。

あったとさ　あったとさ
ひろい　のっぱら　どまんなか
きょだいな　ピアノが　あったとさ
こどもが　百《ひゃく》にん　やってきて
ピアノの　上《うえ》で　おにごっこ
①キラリラ　グワーン
コキーン　ゴガーン
あったとさ　あったとさ
ひろい　のっぱら　どまんなか
きょだいな　せっけん　あったとさ

↓こたえは65ページ

(1) ―①「キラリラ　グワーン／コキーン　ゴガーン」は、なんの　音《おと》ですか。

百にんの　こどもが　[　　　]の　上で　[　　　　　]を　して　いる　音。

(2) ―②「つうつう　つるりん　アババババ」から　わかる　こどもたちの　気《き》もちを　つぎから　えらび、きごうで　こたえましょう。

ア　こわい。　イ　さびしい。
ウ　たのしい。

（　　）

こどもが　百にん　やってきて
せっけん山《やま》に　水《みず》かけた
つるり　つるつる　すべりっこ
②つうつう　つるりん　アババババ
あったとさ　あったとさ
ひろい　のっぱら　どまんなか
③きょだいな　ももが　あったとさ
こどもが　百にん　やってきて
ぱかあんと　ももを　わったらば
ぴょん　ぴょん　とびだす
④ももたろう

（長谷川摂子《はせがわせつこ》「きょだいな　きょだいな」）

(3) ――③「きょだいな　もも」を　わった　とき、どんな　音が　しましたか。

(4) ――④「ももたろう」が　とびだす　ようすを　あらわす　ことばを　見《み》つけて　かきましょう。

（　　　　）

(5) この　おはなしで、九《きゅう》かい　くりかえし　出《で》て　くる　ことばを、かきましょう。

指導のコツ　声に出して読むと楽しくて、自分でもお話を作ってみたくなります。繰り返し使われている言葉、音や様子を表す言葉に着目します。

2日

ひょうげんを よみとる (2)

月　日

シール

1 つぎの 文《ぶん》しょうを よんで、あとの といに こたえましょう。

「①きりんくん、きりんくん。」

きりんは、草《くさ》はらを 見《み》まわした。

「だれ？ どこ？」

きりんは、小《こ》ごえに なって きいた。

「ぼく。ここ。ほら、きみの 足《あし》もと。」

[②]を こらすと、小《ちい》さい ありたちが 見えて きた。

「いっぱい いるなあ。」

「いっぱいの 中《なか》の 一《いっ》ぴきが、足もとの ぼくさ。」

さっきの 小さな こえだ。

「ねえ、きりんくんは、ここで まい日《にち》、

↓こたえは65ページ

(1) ――①「きりんくん、きりんくん。」に ついて こたえましょう。

① だれの こえですか。
一ぴきの（　　　）。

② どこに いましたか。
きりんの（　　　）。

一生《いっしょう》けんめい 見つめる ようすだね。

(2) [②]に あてはまる ことばを つぎから えらび、きごうで こたえましょう。

ア 目　イ 耳《みみ》　ウ 口《くち》

（　　　）

なにを　して　いるの？」

きりんが　まばたきを　した。

「ただ、見て　いるのさ。」

「なにを、見て　いるの？」

きりんは、③すこし　だまってから、いった。

「じぶんで、見て　みる？」

「ぼくの　目《め》で？」

「そうだよ。ここまで　のぼって　おいでよ。」

「いいの？」

そこで、ありは、④とことこ　ちこちこ、のぼりだした。

とことこ、ちこちこ。

とことこ、ちこちこ。


（あまんきみこ「夕日《ゆうひ》の　しずく」）

(3)　――③「すこし　だまってから」から　わかる　きりんの　ようすを　つぎから　えらび、きごうで　こたえましょう。
ア　ふしぎに　おもって　いる。
イ　へんじを　かんがえて　いる。
ウ　はらを　たてて　いる。
（　　）

(4)　――④「とことこ　ちこちこ」から　わかる　ありの　ようすを　つぎから　えらび、きごうで　こたえましょう。
ア　のんびり　のぼって　いる。
イ　一生けんめい　のぼって　いる。
ウ　しずかに　のぼって　いる。
（　　）

指導のコツ　きりんとありが、会話をしている場面が描かれている文章です。様子や気持ちを表す言葉に注意しながら、正しく読み取ります。

3日

いつ、どこで、だれが、なにを したか (1)

月／日

シール

1 つぎの 文《ぶん》しょうを よんで、あとの といに こたえましょう。

①「おおきいねえ」
「おおきいだろう」

ワニぼうは はじめて みる うみに おどろきました。

「これが うみなんだね。おとうさん」
②「そうだよ。これが うみなんだよ」
3にんは ならんで うかびます。
③ぷーかり ぷか ぷか
ぷーかり ぷか ぷか
いい きぶん。

(1) ――①「おおきいねえ」とは、なにが おおきいのですか。
はじめて みる（　　　）。

(2) ――②「3にん」とは、だれの ことですか。
ワニぼうと（　　　）と（　　　）。

(3) ――③「ぷーかり ぷか ぷか／ぷーかり ぷか ぷか」から わかる ワニぼうたちの ようすを つぎから えらび、きごうで こたえましょう。

➡こたえは65ページ

おかあさんが　ワニぼうに　いいました。

「この　みずを　ちょっとだけ　のんで
ごらん」

「しょっぱーい」

ワニぼうは　はきだしました。


「うみだもの」

おかあさんは　わらって　います。

ワニぼうは　タコに　おしえました。

「この　みず　しょっぱいから　のんじゃ
だめだよ」

「なに　いってんだい。ちゅう　ちゅう
ちゅう」

タコは　へいきで　のみました。

「へんなの」

ワニぼうは　［④］を　かしげました。


（内《うち》田《だ》麟《りん》太郎《たろう》「ワニぼうの　かいすいよく」）

ア　いそいで　いる。
イ　こまって　いる。
ウ　のんびりして　いる。
（　　）

(4) うみの　みずは　どうして　のんでは　いけないのですか。

［　　　　　］から。

(5) ［④］に　あてはまる　ことばを　つぎから　えらび、きごうで　こたえましょう。
ア　くび　イ　うで　ウ　足《あし》
（　　）

指導のコツ 物語を読むときは、いつ（時間）、どこで（場所）、誰が（登場人物）、何をしたか（行動）を正しく読み取ることが大切です。

いつ、どこで、だれが、なにを したか (2)

月　日

シール

こたえは66ページ

1 **つぎの 文《ぶん》しょうを よんで、あとの といに こたえましょう。**

金《きん》よう日《び》の 夕《ゆう》がた、たくやは、おとうさんと おふろに はいりました。

ふだん おとうさんは かえりが おそいので、いっしょに おふろに はいる ことは ときどきしか ありません。

たくやは、おとうさんと おふろに はいるのが だいすきです。

おかあさんと ちがって、おとうさんは、「どぼん！」と とびこんでも おこらないし、タオルで ふうせんを つくっても、なにも いいません。

それに おとうさんは、①たくやの おしゃべりを おもしろがって きいて く

(1) いつの ことですか。

［　　　　］の［　　　　］。

(2) はなして いるのは、だれと だれですか。

［　　　］と［　　　　］。

(3) ふたりは、なにを して いるのですか。

（　　　　）に はいって いる。

れます。

「きょうね、一《いち》くみへ　校《こう》ちょう先生《せんせい》が　おきゃくさんを　つれて、さんかんに　きたんだよ。」

「ほう、おおぜいかい。」

たくやの　かみに　シャンプーを　つけながら、おとうさんが　ききました。

「うん、七人《しちにん》くらいかな。おの先生に、きょろきょろしないようにって　いわれたから、よく　かぞえなかったけど。」

「なんの　じゅぎょうだったの。」

「二《に》じかんめの　さんすう。」

「みんな　きんちょうしたろうな。」

「きんちょうって？」

目《め》を　つぶり、耳《みみ》を　りょう手《て》で　おさえたまま、たくやは　②かおを　あげました。


（森山《もりやま》　京《みやこ》「たくやくん」）

(4) ①「たくやの　おしゃべり」とは、どんな　ことでしたか。

一くみへ、＿＿＿＿が＿＿＿＿を　つれて、さんかんに　きた　こと。

(5) ②「かおを　あげました」と　ありますが、この　ときの　たくやの　気《き》もちを　つぎから　えらび、きごうで　こたえましょう。

ア　シャンプーを　つかうのは、いやだ。
イ　ことばの　いみを　しりたい。
ウ　はやく　おふろから　あがりたい。

（　イ　）

指導のコツ　「いつ（時間）」を表す言葉には、「○月○日」のほか、「○曜日」「今日」「朝」などがあります。注意して読み取ります。

おはなしの すじを つかむ

月　日

シール

1 つぎの 文《ぶん》しょうを よんで、あとの といに こたえましょう。

こうさぎたちが、月《つき》を みて、「あんな とこに、おかあちゃんが。」「おだんご つくってるのかな。」と はなして います。

この こうさぎたちの ようすを、①木《き》の かげから、みて いる ものが いました。ぽんぽん山《やま》の おくに くらして いる、はずかしがりやの やまんばです。

ふもとの 町《まち》まで だんごを かいに いった かえりみち、こうさぎたちの はなしごえに、立《た》ちどまって しまったのでした。

（ひょっとしたら。）

と、やまんばは、②ためいきを つきました。

(1) ①「木の かげから、みて いる」のは、だれですか。

［　　　　　］の おくに くらして いる、はずかしがりやの ［　　　　］。

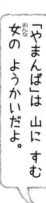

「やまんば」は 山に すむ 女《おんな》の ようかいだよ。

(2) やまんばは、ふもとの 町まで、なにを しに いったのですか。

（　　　　　）を かいに いった。

↓こたえは66ページ

一《いっ》ぴきの　うさぎが、りょうしに　うたれたのを、やまんばは、みて　きたのでした。

（あの　かわいそうな　うさぎが、この　こたちの　おかあちゃんじゃ　ないかねえ。）

こうさぎたちは、月に　むかって　よびはじめました。

「おかあちゃん、おりといでよ。」

「おかあちゃん、おりて　きてよう。」

「おなか　すいたよう。」

「ぼくたち、おなかが　すいたんだよう。」

やまんばは、むねに　しっかり　かかえて　いた③だんごの　つつみを、草《くさ》の　上《うえ》に　そっと　おきました。

そして、むちゅうで　にげだしました。

（あまんきみこ「ぽんぽん山の　月」）

(3) ―②「ためいきを　つきました」と　ありますが、この　ときの　やまんばの　気《き》もちを　つぎから　えらび、きごうで　こたえましょう。
ア　こまった。　イ　うれしい。
ウ　ふしぎだ。
（　　）

(4) ―③「だんごの　つつみを……そっと　おきました」と　ありますが、この　ときの　やまんばの　気もちを　つぎから　えらび、きごうで　こたえましょう。
ア　だんごを　たべるのは　あきた。
イ　こうさぎに　だんごを　かえそう。
ウ　こうさぎに　だんごを　たべさせたい。
（　　）

指導のコツ　物語の内容をつかむときは、登場人物の性格や行動、場面の様子や移り変わりなどに注意します。

6日 まとめテスト (1)

月 / 日

時間 20分［はやい15分 おそい25分］ 合格 80点

得点 点

シール

1 つぎの 文《ぶん》しょうを よんで、あとの といに こたえましょう。

①こうさくが おわったら、くろさわくんは、ぼくに はさみを かえすのを わすれた。ぼくも かえして もらうのを、わすれて しまった。

　それで、ぼくは はさみを なくしたと いって、おかあさんに しかられた。

あの はさみ、くろさわくん、まだ もってるのかな？ もう そんな こと、ころっと わすれちゃってるんだろうな……。

　いちばん ひどかったのは、プールびらきの 日《ひ》。

かいすいパンツと すいえいぼうと タ

↓こたえは67ページ

(1) ――①「こうさくが おわった」あと、くろさわくんが 「ぼく」に かえすのを わすれたのは、なんですか。（10てん）

（　　　　）

(2) ――②「ぜんぶ」と ありますが、くろさわくんが もって きた ものを、あと 三《みっ》つ かきましょう。（一《ひと》つ10てん―30てん）

・かいすいパンツ

・（　　　　）

・（　　　　）

・（　　　　）

オルと、すいえいカードを　もって　こないと、プールには　いれて　もらえない。

くろさわくんは、②ぜんぶ　もって　きた。

「きのうの　よる、ちゃんと　バッグに　いれといたんだぜ。」

と、くろさわくんは　とくいそうだった。

「えらい　えらい。」

と、しらかわ先生《せんせい》は、にこにこして、くろさわくんの　あたまを　なでなでした。

「あら、ところで　ランドセルは　どうしたの？」

「あ！」

と、くろさわくんは　③を　まんまるくした。
④「ハア」と、先生は　ためいきを　ついて、おこるのを　わすれて　いた。
（後藤竜二《ごとうりゅうじ》「1ねん1くみ1ばんなかよし」）

(3) ③に　あてはまる　ことばを　つぎから　えらび、きごうで　こたえましょう。（20てん）
ア目《め》　イ耳《みみ》　ウ口《くち》　（　　）

(4) ──④「ハア」と　先生が　ためいきを　ついたのは　どうしてですか。（20てん）
くろさわくんが、［　　　　］を　わすれたから。

(5) くろさわくんは、どんな　子《こ》ですか。あてはまる　ものを　つぎから　えらび、きごうで　こたえましょう。（20てん）
ア　やさしくて　おとなしい　子。
イ　いじわるで　いたずらずきな　子。
ウ　いつも　わすれものを　する　子。
（　　）

わだいを　よみとる　(1)

↓こたえは68ページ

月／日

シール

1 つぎの　文《ぶん》しょうを　よんで、あとの　といに　こたえましょう。

ねむって　いる　ときは　こきゅうや　しんぞうの　はたらきが　ゆるやかに　しずかに　なって　いる。

あせも　たくさん　かく。

[①]、おなかを　だしたり　して　ねて　いると、あせと　いっしょに　たいおんが　にげて　いって　からだが　ひえ、ちの　めぐりが　わるく　なる。

わたしたちの　からだの　なかは　すみずみまで　けっかんが　はしって　いて、しんぞうと　いう　ぽんぷから　②ちが　おくられて　くる。

(1) [①]に　あてはまる　ことばを　つぎから　えらび、きごうで　こたえましょう。

ア　だから　イ　しかし　ウ　さて

（　　）

(2) ②「ちが　おくられて　くる」と　ありますが、ちは　どこから　おくられて　くるのですか。

(3) ③「ち」の　はたらきを　二《ふた》つ　かきましょう。

・（　　）を　からだの　すみずみまで　はこぶ。

③ちは からだが ひつような ものを からだの すみずみまで はこんで、わるい ものを かたづけ また しんぞうに もどって くる。

④ねて いて からだを ひやすと、あさ おきて からだが だるく かんじる ことが ある。ちの めぐりが わるく なって、からだの はたらきが うまく いかなかった ためだ。こう いう ときに よく 「ねびえ」したと いう。

「ねびえ」は びょうきでは ない。けれども こんな ときには *びーるすに やられて、かぜを ひいたり おなかを こわしやすく なる。

（毛利子来《もうりたねき》「ねびえ」）

*びーるす＝びょうきを おこす 生《い》きもの。ウイルス。

・（　　　　）を かたづけ
また しんぞうに もどって くる。

(4) ――④「ねて いて……だるく かんじる ことが ある」のは どうしてですか。

（　　　　）が わるく なり、
（　　　　）が うまく
いかなく なった ため。

(5) この 文しょうは、なにに ついて かかれて いますか。

「　　　」とは なにか。

指導のコツ 説明文を読むときは、どのような話題について説明しているかを読み取ることが大切です。話題の中心をとらえます。

わだいを よみとる (2)

こたえは68ページ

月　日

シール

1 つぎの 文《ぶん》しょうを よんで、あとの といに こたえましょう。

ひとが いく ところには、どこにでも *おおばこが みられるのは なぜでしょう。

草《くさ》や 木《き》は、たねで ふえ、いろいろな ところに ひろがって いきます。

おおばこの たねには、なにか ひみつが あるのでしょうか。

おおばこは、4月《がつ》から 9月ごろまで 花《はな》を さかせ、1本《ぽん》に、2000こもの たねを つくります。

たねは、水《みず》で しめると ねばって、ひ

(1) この 文しょうは、なにに ついて かかれて いますか。

いろいろな ところに ひろがる おおばこの □□ の □□□ に ついて。

(2) おおばこに ついて こたえましょう。

① 花は いつ さくのですか。

（　）月から（　）月ごろ まで。

② たねを どれくらい つくるのですか。

1本に（　）こ。

とのからだや　車《くるま》の　タイヤなどに　くっついて　はこばれます。
かわくと　ねばりは　なく　なり、あちこちに　おちると　いう　わけです。
北国《きたぐに》や　山地《さんち》などの　さむい　ところに　はえて　いる　おおばこの　たねは、おんどが　たかく　ならないと　めを　だしません。
あたたかい　ところでは、ひくい　おんどでも、めを　だします。
北国や　山地などの　おおばこは、もう　さむい　日《ひ》が　ない　ことを　たしかめて、めを　だすのでしょう。
（真船和夫《まふねかずお》「おおばこと　なかよし」）
＊おおばこ＝のはらや　みちばたに　よく　はえる　草。

(3) 水で　しめって　ねばった　たねは　なにに　くっついて　はこばれるのですか。
（　　　　）や
（　　　　）。
(4) かわいて　ねばりが　なく　なった　たねは　どう　なるのですか。
（　　　　）。
(5) ――「北国や　山地などの……めを　だすのでしょう」に　あてはまる　ことを　つぎから　えらび、きごうで　こたえましょう。
ア　見《み》た　こと。　イ　かんがえた　こと。
ウ　きいた　こと。
（　　）

指導のコツ　説明文では、事実以外に筆者の考えが述べられている部分もあります。文末表現に注意して正しく読み取ります。

9日

せつめいの じゅんじょを かんがえる (1)

月　日

シール

↓こたえは69ページ

1 つぎの 文《ぶん》しょうを よんで、あとの といに こたえましょう。

はる。タンポポは はなが おわると せを たかく のばし たねを つけます。たねには わたげが ついて います。かぜに ふかれると わたげは ふわふわと とんで いきます。タンポポが たかく のびるのは わたげが かぜを つかまえ やすく する ためです。

かぜに のって とおくまで とんだ たねは やがて めを だして あたらしい タンポポに なります。

こうして タンポポは なかまを いろいろな ところに ふやして いくのです。

タンポポの わたげを ふいて みて ごらん。

(1) タンポポが なかまを ふやして いく じゅんに なるように、すう字《じ》を かきましょう。

(1) はなが おわる。

(　) かぜに のって とおくまで とんだ たねが めを だす。

(　) わたげが ふわふわと とんで いく。

(　) せを たかく のばし たねを つける。

(5) あたらしい タンポポに なる。

(2) ススキの たねは、かぜが ふくと なにで そらを とびますか。

ススキの　たねも　わたげで　そらを　とびます。
　あきに　なって　たねが　できると　ススキは　かぜを　つかまえやすいように　①ほを　いっぱいに　ひろげます。ほには　わたげに　つつまれた　たねが　ついて　います。かぜが　ふくと　たねは　ふわふわと　とんで　いくのです。
　わたげで　とぶ　たねは　②ほかにも　あります。
　みずべに　はえて　いる　ソーセージの　ような　かたちを　した　ガマの　ほを　にぎって　みると……
　ほの　なかから　わたげを　つけた　ちいさな　たねが　つぎから　③つぎへと　でて　きます。たねを　つけた　ガマの　わたげは　かぜに　のって　あたらしい　みずべを　めざして　とんで　いきます。

（稲垣栄洋《いながきひでひろ》「たねの　さくせん」）

（　　　　）

(3) ――①「ほを　いっぱいに　ひろげます」と　ありますが、ススキが　このように　するのは、なんの　ためですか。

（　　　　）やすく　する　ため。

(4) ――②「ほかにも　あります」と　ありますが、ほかに　なにが　あるのですか。

（　　　　）の　ほの　なかの　たね。

(5) ――③「ガマの　わたげ」は、どこを　めざして　とんで　いくのですか。

（　　　　）。

指導のコツ　この文章の前半では、タンポポが種を飛ばし、仲間を増やしていく様子が描かれています。順序よく読み取ります。

10日

せつめいの じゅんじょを かんがえる (2)

月　日

シール

1 つぎの 文《ぶん》しょうを よんで、あとの といに こたえましょう。

やまみちの はる。
にょき にょきと つったって いる とげだらけの きが めに つきます。①「たらのき」です。

さきっちょに ついて いるのが たらのきの めで、②「たらのめ」と いいます。
かたい うろこに つつまれて いた めは はじけるように ひろがって もう はっぱが でて きました。

ふゆごもりから さめた しかや くまは たらのめが だいすきです。

(1) ①「たらのき」は、はるの やまみちでは どんな ようすですか。

（　　　　）と つったって いる。

(2) ②「たらのめ」が だいすきな けものは なんですか。

ふゆごもりから さめた（　　　　）や（　　　　）。

(3) ③「ひとが めを もぎます」と ありますが、たらのめは、どのように すると おいしいのですか。

（　　　　）や（　　　　）。

↓こたえは69ページ

とげが いっぱい あっても へいきかな。
いもむしも、めを かじります。
しかや くまの いない さとの ちかくでは けものの かわりに ③ひとが めを もぎます。
てんぷらや おひたしに すると よいかおりが して とても おいしいのです。
めを もがれた たらのきは どう なるでしょう。
てっぺんの めを なくすると、それまでねむって いた わきめが のびはじめます。
めを かじられても、ひとに つまれても、やられたら したの めが めを さまして のびて ゆくのです。

（日浦《ひうら》 勇《いさむ》「たらのき」）

(4) たらのきが てっぺんの めを なくすると、どう なるのですか。

［　　　］が のびはじめる。

(5) この 文しょうの せつめいの じゅんに なるように、すう字《じ》を かきましょう。

（ 1 ）「たらのき」と「たらのめ」に ついて。

（　）めを もがれた たらのきは どう なるか。

（　）たらのめが すきな けもの。

（　）ひとも たらのめを もぐ。

指導のコツ 文章全体から、説明の順序を考えます。文のまとまりごとに書かれている内容をとらえ、つながりにも注意します。

11日

まとめテスト(2)

月／日

時間 20分【はやい15分・おそい25分】
合格 80点

得点 点

シール

⬇こたえは69ページ

1 つぎの 文《ぶん》しょうを よんで、あとの といに こたえましょう。

アフリカたいりくの にしの ほう、きたがわには せかいで いちばん おおきな さばく、①サハラさばくが あります。その みなみの まんなかは、ねったいの くさや きが しげって いる、みどりの おおい ところです。

②サハラさばくも むかしは こうした くさや きが たくさん はえて いた ところで、さばくは すこししか ありませんでした。

ところが 8000ねんほど まえか

(1) ――①「サハラさばく」に ついて こたえましょう。(一つ10てん―50てん)

・[　　　　] たいりくの [　　] の ほうで、きたがわに ある、せかいで いちばん [　　　　] さばく。

・サハラさばくの みなみの まんなかには、[　　　　] の くさや きが しげり、[　　　] が おおい。

ら、ひとびとは　くらしの　ため、きを　どんどん　きって　つかいました。うしや　ひつじが　ふえて、くさを　たべつくして　しまいました。

やがて　あめが　ふらなく　なり　さばくが　だんだん　ひろがって、とうとう　いまのような、せかいで　いちばん　おおきな　さばくと　なって　しまいました。

くさや　きは、いきものや　ひとが　くらすのに　どんなに　だいじな　ものなのかを　この　せかいいち　おおきな　サハラさばくは　しめして　います。

（加古里子《かこさとし》「せかい　あちこち　ちきゅうたんけん」）

(2) ――②「サハラさばくも……すこししか　ありませんでした」と　ありますが、さばくの　ようすが　かわって　いった　じゅんに　なるように、すう字《じ》を　かきましょう。（20てん）

（　）あめが　ふらなく　なり、さばくが　だんだん　ひろがった。

（　）うしや　ひつじが　ふえ、くさを　たべつくして　しまった。

（　）ひとびとが　きを　どんどん　きって　つかった。

(3) サハラさばくが　しめして　いるのは、どんな　ことですか。（一つ10てん―30てん）

いきものや（　　）が　くらすのに（　　）や（　　）が　どんなに　だいじな　ものかと　いう　こと。

気《き》もちを よみとる (1)

月　日

シール

1 つぎの 文《ぶん》しょうを よんで、あとの といに こたえましょう。

①「あなたの そばに いるのって、いいな。やわらかくて、あたたかくて。②ここでなら、わたしは、りっぱな 木《き》に なれそうよ。」

どんぐりは、じぶんが これから ねむって、はるに なったら めを だす こと、そして、ながい ながい じかんを かけて、大《おお》きな 木に なる ことを はなした。

「ふうん、ながい ながい じかん……かあ。ぼくは きっと、その あいだに なんかいも 生《う》まれて 生まれて、生まれつづけるんだよ。」

どんぐりと きのこは、ぐんぐん そだって 大きく なる 木の すがたと、その

(1) ——①「あなた」とは、だれですか。

[　　　]

↓こたえは70ページ

(2) ——②「ここでなら……なれそうよ」から わかる どんぐりの 気もちを つぎから えらび、きごうで こたえましょう。

ア おもしろい。　イ こころづよい。

ウ ものたりない。　（　　）

(3) つぎの あさ、空気は どんな ようすで したか。

まわりが [　　　] のように すきとおって みえた。

そばで、くりかえし、くりかえし　生まれつづける、きのこの　すがたを　おもいうかべた。

　つぎの　あさ、空気《くうき》は　ますます　つめたく　なり、まわりの　ふうけいは、ガラスのように　すきとおって　みえた。

「ああ、ねむく　なって　きた。おやすみなさい、きのこ。……③また　あえるわよね。」

「あえるともさ。こがらしから　まもって　あげるから、ゆっくり　おやすみ、どんぐり。らい年《ねん》、ちっちゃな　木の　赤《あか》ちゃんに　なった　あんたに、あえるのを　たのしみに　してるよ。」

　なんにちか　あと、きのこは、ねむる　どんぐりを　だいて、おふとんに　なって　いた。

（工藤直子《くどうなおこ》「おふとんに　なった　きのこ」）

(4) ――③「また　あえるわよね」から　わかる　どんぐりの　気もちを　つぎから　えらび、きごうで　こたえましょう。

ア　また　きのこに　あいたい。

イ　きのこに　あったら　どう　しよう。

ウ　もう　きのこに　あえないだろう。

（　　）

(5) なんにちか　あと、きのこは　どのように　なって　いたのですか。

ねむる（　　　）を　だいて、（　　　）に　なって　いた。

指導のコツ　物語の登場人物の気持ちを読み取るときは、人物の行動や言葉に着目します。そのときの場面の様子にも注意します。

13日

気《き》もちを　よみとる　(2)

月／日

シール

1 つぎの　文《ぶん》しょうを　よんで、あとの　といに　こたえましょう。

（あっ、とおるちゃんだ。ウッシシッ。とおるちゃん、ランドセル　みて　びっくりするぞ）

けんちゃんは　①かたを　ひねって　ニコッと　わらいました。

とおるちゃんが　②ぽかんと　して　います。

「？」

（おどろいて　いる　おどろいて　いる……）

「ほら、ランドセル。ぼくのだよ」

けんちゃんは　ランドセルを　せおいなおそうと　しました。

(1) ―①「かたを……わらいました」と　ありますが、けんちゃんは　なんの　ために　このように　したのですか。

とおるちゃんに

を　みせる　ため。

(2) ―②「ぽかんと」して　いる　とおるちゃんの　気《き》もちを　つぎから　えらび、きごうで　こたえましょう。

ア　なにを　みせたいのかな。

イ　ランドセルだ、すごいな。

ウ　ランドセルは　どこかな。

（　　）

➡こたえは70ページ

（あっ！ ランドセルが ない）
けんちゃんは いそいで かけもどりました。
「あーっ、ない！」
たしかに かけた はずの きの えだの どこにも ランドセルは ありませんでした。
けんちゃんの めは みるみる うちに なみだが あふれ

「わああーっ！！」

かお いっぱいに くちを あけて ③なきだしました。
わけを きいた とおるちゃんは
④「いっしょに さがして あげるから だいじょうぶだよ。」
ほんとうの おにいちゃんのように やさしく いって くれました。

（福田岩緒《ふくだいわお》「ぼくは 一《いち》ねんせいだぞ！」）

(3) ――③「なきだしました」と ありますが、この ときの けんちゃんの おもって いる ことを、かんがえて かきましょう。

ランドセルが なくなっちゃった。
（　　　　）。

(4) ――④「いっしょに……だいじょうぶ」と いった、とおるちゃんが おもって いる ことを つぎから えらび、きごうで こたえましょう。

ア けんちゃんは なぜ なくのかな。
イ けんちゃんは こまった 子《こ》だ。
ウ けんちゃんを たすけて あげたい。

（　　）

指導のコツ この物語では、けんちゃんの気持ちが変化していきます。とおるちゃんの言葉や様子にも注意して、気持ちの変化を読み取ります。

りゆうを かんがえる (1)

月　日

シール

1 つぎの 文《ぶん》しょうを よんで、あとの といに こたえましょう。

「①おねえちゃんが、そんなに ないちゃ おかしいわよ。アイちゃんが びっくりして、おきちゃうでしょ。しずかに して ちょうだい。」

おかあさんは、マミを ちょっと こわい 目《め》で にらみました。

ところが、マミの こえは、「おねえちゃんが……。」って いわれた とたんに、②もっと 大《おお》きく なって しまいました。

いつまでも とまりません。まるで しょうぼうじどうしゃの サイレンみたいです。

⬇こたえは71ページ

(1) ——①「おねえちゃん」とは、だれですか。

（　　　　　）

(2) ——②「もっと 大きく なって」と ありますが、マミの こえは どんな ようすでしたか。

まるで しょうぼうじどうしゃの（　　　　　）みたいだった。

(3) ——③「いろんな こと」とは どんな ことか、二《ふた》つ かきましょう。

・おかあさんは、アイちゃんの（　　　　　）で いそがしい こと。

「いったい　どう　したの。いって　ごらん。」

おかあさんが　いいました。

そう。マミには、いいたい　ことが　いっぱい　あるのです。

マミは　この　ところ、③いろんな　ことを　じっと　がまんして　いたのです。

おかあさんは、アイちゃんの　せわで　いそがしいし、おとうさんは、マミが　ねてからじゃ　なくちゃ　かえって　こないし。

でも、おねえちゃんに　なったんだから、おりこうに　しなくちゃって、がんばって　いたのです。

それなのに、きょうは、学校《がっこう》で、とってもいやな　ことが　ふたつも　おきたのです。

だから、もう　④がまんが　できなくって、とうとう　ないて　しまったのです。

（角野栄子《かどのえいこ》「わるくち　しまいます」）

・おとうさんは、マミが（　　　）から　じゃ　ないと　かえって　こないと。

(4) マミは　どのように　おもって　がんばって　いたのですか。
□□□□□□に　なったんだから　おりこうに　しなくちゃ。

(5) ④「がまんが　できなくって」と　ありますが、どうしてですか。
きょうは　学校で、□□□　ことが　□□□も　あったから。

指導のコツ　マミが大声で泣き出した理由を、正しくとらえます。妹ができて、マミの生活がどのように変わったかを読み取ります。

りゆうを かんがえる (2)

1 つぎの 文《ぶん》しょうを よんで、あとの といに こたえましょう。

①シロスジカミキリは、めの うしろや はいいろの からだに、きみがかった しろい すじの もようが ある。

シロスジカミキリの なまえは、この もようから つけられた。

からだは、ぞうきばやしに すんで いる かみきりむしの なかで、いちばん おおきい。

シロスジカミキリが でた あとは、まるで ドリルで あなを あけたように まんまるだ。

↓こたえは71ページ

(1) ——①「シロスジカミキリ」の なまえは、どこから つけられたのですか。

めの うしろや はいいろの からだに、きみがかった （　　　　） の もようが ある ことから つけられた。

(2) シロスジカミキリの でた あとは、どんな ようすでしたか。

まるで ［　　　］で あなを あけたように ［　　　　］だった。

シロスジカミキリは、②えっちら　おっちらと　クヌギの　みきを　のぼって　いく。

からだよりも　ながい　しょっかくを、もちあげたり　おろしたり　まえに　むけたり　うしろに　むけたり　しながら　あるく。

じまんの　しょっかくで、ものに　さわったり　においを　かぎわけたり　する。③この　しょっかくが　あれば、ひろい　ぞうきばやしの　なかも　じゆうに　あるく　ことが　できる。

こうぶつは、きの　わかい　えだ。きばのような　するどい　あごで、やわらかい　ところを　きざんで　たべる。

からだが　おおきいので、しょくじの　じかんも　たいへん　ながい。

（今森光彦《いまもりみつひこ》「かみきりむし」）

(3)　――②「えっちら　おっちら」から　わかる　ようすを　つぎから　えらび、きごうで　こたえましょう。

ア　すばやく　のぼって　いく　ようす。
イ　ゆっくり　のぼって　いく　ようす。
ウ　まったく　うごかない　ようす。

（　　　）

(4)　――③「ひろい……あるく　ことが　できる」のは　どうしてですか。

（　　　　　　　　）が　あるから。

(5)　シロスジカミキリの　しょくじの　じかんが　ながいのは、どうしてですか。

（　　　　　　　　）から。

指導のコツ　説明文を読むときは、理由を表す文に注意することが大切です。「～ので」「～から」などの言葉に注目します。

月　日

時間 20分 [はやい15分 おそい25分]
合格 80点
得点　点
シール

❶ つぎの 文《ぶん》しょうを よんで、あとの といに こたえましょう。

あせが いっぱい でた。やぶの ちかくでは、①力に かおを さされた。「カユイ カユイ!!」ふたりとも にげながら ポリポリ かいた。

たかしくんの かおの ほうが ひどく はれた。

②どうしてかなって おもって いたら、かずこちゃんの おとうさんが おしえて くれた。

「力に さされると、力の つばが はいるんだ。その つばの なかの ドクの せいで はれて ムジムジするんだけど、

(1) ——①「力に かおを さされた」ことで、ひどく はれたのは、ふたりの うち どちらの かおですか。(15てん)

（　　　　　　）の かお。

(2) ——②「どうしてかな」と ありますが、かずこちゃんの おとうさんは、どのように いったのですか。(一つ10てん—30てん)

力の 【　　】の なかの 【　　】の せいで ムジムジするが、ひふの 【　　　　】は ひとに よって ちがうから。

(3) おんせんで、どんな ことに 気《き》づきましたか。(15てん)

↓こたえは72ページ

ひふの　かんじかたって　ひとに　よって
とっても　ちがうんだよ」って。
よる、おんせんに　はいった。「うわあ、
ふたりとも　アセモだらけだ！」
たかしくんの　おとうさんが　③おおきな
こえを　だした。
「④アセモって　な～に？」かずこちゃんが
きいた。
「う～ん、あせを　たくさん　かくと　で
きる　ブツブツさ。ひふの　したに　あせ
が　たまって　ふくれるから　ムジムジす
るんだ。それに、ひふの　うえに　バイキ
ンが　＊はびこる　せいも　あるみたいだよ」
それなら、こう　やって　ひふを　よく
あらって、あなが　ふさがらない　ように、
バイキンが　はびこらない　ように　して
おけば　いい　わけだ。（毛利《もうり》子来《たねき》「カユイ　カユイ」）

＊はびこる＝わるい　ものが　ひろがる。

ふたりとも（　　　）だと
いう　こと。

(4) ―③「おおきな　こえを　だした」とき
の　たかしくんの　おとうさんの　気もち
を　つぎから　えらび、きごうで　こたえ
ましょう。（10てん）

ア　おもしろがって　いる。
イ　びっくりして　いる。
ウ　がっかりして　いる。（　　）

(5) ―④「アセモ」に　ならない　ためには、
どう　したら　よいですか。（一つ15てん―30てん）

ひふを　よく　あらい、（　　）が
ふさがらないように、（　　）
が　はびこらないように　する。

17日 ものがたりを よむ (1)

1 つぎの 文《ぶん》しょうを よんで、あとの といに こたえましょう。

「どれでも すきな かかりを えらんで ください。はやいものがちでーす。」

せんせいが いせいよく パンパンと 手《て》を ならした。

「はい、はい、はいっ！」

「はい、はい、はいっ！」

いっせいに みんなの 手が あがって、きょうしつは 大《おお》さわぎに なった。

「わたしは、としょがかりを やります。」
①あさのさんが まっさきに きめた。
ぼくは ②まよって いた。
(どれに しようかなー。きんぎょちゃんがかりに しようかなー。でも、きんぎょ

(1) せんせいが いせいよく 手を たたいた とき、どんな 音《おと》が しましたか。

［　　　　　］

(2) ①「あさのさんが まっさきに きめた」と ありますが、なにを きめたのですか。

［　　　　　　］を やる こと。

(3) ②「まよって いた」と ありますが、「ぼく」が まよった かかりを 二《ふた》つ かきましょう。

・（　　　　　）がかり

こたえは72ページ

月　日

シール

ちゃん、しんじゃったら　いやだしなー。でも、おはなさんがかりに　しようかなー。だれが　おはなを　もって　くるのかな？）

ぼくが　ぐずぐず　まよって　いる　うちに、みんなは　さっさかさーと　きめちゃって、やって　みたかった　かかりは　ぜーんぶ　とられて　しまった。

（どう　しよう…）

ぼくは　あせって、なきそうに　なった。

「③まだ　きまらないの？」

あさのさんが　じーっと　ぼくを　みつめて、

「ぐずね。」と、いった。

（ぐずじゃ　ないぞっ！）

ぼくは　[　　　]、なみだが　ぽろんと　こぼれそうに　なった。

（後藤竜二《ごとうりゅうじ》「しゅくだい、なくします！」）

・（　　　　）がかり

(4) ――③「まだ　きまらないの？」と　いった　ときの　あさのさんの　気《き》もちを　つぎから　えらび、きごうで　こたえましょう。

ア　かんしんして　いる。
イ　しんぱいして　いる。
ウ　あきれて　いる。　（　　）

(5) [　　　]に　あてはまる　「ぼく」の　気もちを　あらわす　ことばを　つぎから　えらび、きごうで　こたえましょう。

ア　うれしくて　イ　くやしくて
ウ　びっくりして　（　　）

指導のコツ　迷って係を決めることができなかった「ぼく」の気持ちを、すぐに係を決めたあさのさんと対比しながら読み取ります。

ものがたりを よむ (2)

1 つぎの 文《ぶん》しょうを よんで、あとの といに こたえましょう。

こうえんの まん中《なか》に 大《おお》きな 木《き》が ある。

その 木の 下《した》に、①虫《むし》とりアミを もった、一年生《いちねんせい》くらいの 男《おとこ》の子《こ》たちが 三人《さんにん》 いた。三人とも そろったように、むぎわらぼうしを かぶって いたのが、なんだか おかしかった。

よく 見《み》て いたら、②いちばん 小《ちい》さな 男の子だけが、アミを ふりまわして いた。

どうやら ほかの 二人《ふたり》の 子は セミを つかまえたのに、その子だけ、まだ 一《いっ》ぴきも セミを つかまえて いないようだった。

(1) ――①「虫とりアミ」と ありますが、男の子たちは、なんの ために 虫とりアミを もって いたのですか。

（　　　　）を つかまえる ため。

(2) ――②「いちばん……ふりまわして いた」のを 見て、「ぼく」は、どう かんがえたのですか。

その子だけ、セミを □□□ も つかまえて いないようだと いう こと。

(3) ――③「二人の……さけんで」と ありますが、二人の ようすを つぎから えらび、きごうで こたえましょう。

↓こたえは73ページ

月　日

シール

③二人の 子が なにか さけんでは、その子は アミを ふりまわすけれど、なんど やっても セミに にげられて いた。
セミが にげるたびに、セミたちの なきごえが いっしゅん やんだ。
やんで しばらく したら、また セミたちが なきだした。
まるで、セミたちが その 男の子を からかって いるようだった。
それでも 男の子は、あきらめなかった。
いつのまにか、ぼくは その 男の子だけを 見て いた。
（もう すこし……もっと ちかづいて……）
とうとう、男の子が ④セミを つかまえた。
その しゅんかん、二人の 男の子たちが、おどるように なんども ジャンプして よろこんだ。
気《き》が ついたら、⑤ぼくも ベンチから 立《た》ちあがって いた。
（福田岩緒《ふくだいわお》「しゅくだいさかあがり」）

ア からかって いる。
イ おうえんして いる。
ウ おこって いる。
（　　）

(4) ——④「セミを つかまえた」しゅんかん、二人の 男の子たちは どう したのですか。

（　　）ように なんども

（　　）して よろこんだ。

(5) ——⑤「ぼく」の 気もちを つぎから えらび、きごうで こたえましょう。

ア よろこんで いる。
イ がっかりして いる。
ウ あわてて いる。
（　　）

指導のコツ 「ぼく」がセミをつかまえる男の子たちのことを見守っている場面です。「ぼく」の気持ちの変化を読み取ります。

ものがたりを よむ (3)

月　日

シール

1 つぎの 文《ぶん》しょうを よんで、あとの といに こたえましょう。

〈「わたし」は マミちゃんの おねえちゃんです。〉

マミちゃんの なきごえは、①だんだん おさまって きました。

サイレンなきの ときは、しらんかおを するのが、いいのねって、おもいました。

(でも、マミちゃん、あさから あんなに たのしみに して いたんだもん。そりゃ、なきたく なるよね。)

その とき、②いい ことが、ひらめきました。

そう、とっても、いい こと。

ひとりわらいが、こみあげて きます。

(1) ――①「だんだん おさまって きました」と ありますが、「わたし」は なぜだと おもいましたか。

わたしが ［　　　　　］を して いたから。

(2) ――②「おねえさんごえ」とは、どんな こえですか。つぎから えらび、きごうで こたえましょう。

ア こわい こえ。
イ やさしい こえ。
ウ よわよわしい こえ。

（　　）

ないて いる マミちゃんに はなしかけて いるよ。

↓こたえは73ページ

くくっ。くくっ。

いそいで、かいちゅうでんとうを　もって、くらい　にわに　いき、ももいろの　コスモスを、五本《ごほん》、きって　きました。コップに　さして、テーブルの　まんなかに　おきました。

　それから、カレーの　さらや、スプーンや、はしを、できるだけ　きれいに、ならべました。

　れいぞうこから、プリンも　だして　きました。

　そして、また、べそべそして　いる　マミちゃんに、②おねえさんごえに　なって、いいました。

「マミちゃん、おいで。たんじょうかいの、*ぜんやさいを　しようよ。」

　ふりむいた　マミちゃんは、③ぬれた　目《め》を、ぱしぱししました。

（あまんきみこ「おまけの　じかん」）


*ぜんやさい＝もよおしものの　まえの　日《ひ》に　する　かい。

(3) ――③「ぬれた　目を、ぱしぱししました」と　ありますが、この　ときの　マミちゃんの　気《き》もちを　つぎから　えらび、きごうで　こたえましょう。

ア　がっかりして　いる。
イ　とまどって　いる。
ウ　よろこんで　いる。

（　　　）

(4) ＝＝「いい　こと」とは、どんな　ことだったのですか。

（　　　）の（　　　）を　する　こと。

指導のコツ (4)の問題は、文章を最後まで読まないと答えがわかりません。文章全体から答えを考えるようにします。

ものがたりを　よむ　(4)

1 つぎの　文《ぶん》しょうを　よんで、あとの　といに　こたえましょう。

「わたし、なぞなぞは、やっぱり　おかあさんと　するわ。だって、おかあさんの　ほうが、ずーっと　あたまが　いいんですもん。」

「そうねえ、おかあさんも、①その　ほうが　あんしんだわ。」

と、おかあさんは　いいました。

それから、おかあさんは、②きりっと　エプロンの　ひもを　しめなおし、げんきよく　いいました。

「さ、おなか　すいたでしょ。おひるに　しましょうね。きょうの　おひるは、

(1) ①「その　ほうが　あんしん」と　ありますが、おかあさんは　どう　する　ほうが、あんしんなのですか。

女の子が　おかあさんと（　　　　）を　する　ほう。

(2) ②「きりっと……しめなおし」から　わかる　おかあさんの　気《き》もちを　つぎから　えらび、きごうで　こたえましょう。

ア　さあ　ごはんを　つくろう。

イ　よい　なぞなぞを　出《だ》そう。

ウ　女の子に　まけないように　しよう。

（　　）

➡こたえは74ページ

月／日

シール

③きいろい　もうふに　くるまって、
ねんねして　いる　おにくさん
よ。なんだか　わかる？」

「わかった！　オムレツでしょう？」

「よく　できました。大《おお》あたり！」

おかあさんは、にっこりしました。

「それにね、④まるくて、あかくて、おいしい　ものの　サラダが　つくのよ。」

「しってる、しってる、そんな　やさしいの。リンゴでしょう？」

女《おんな》の子《こ》は、⑤ぽんぽん　はねながら　いいました。

「ざんねんでした。大はずれ、ト・マ・トよ！」


（松岡《まつおか》享子《きょうこ》「なぞなぞの　すきな　女の子」）

(3) ──③「きいろい……おにくさん」の　なぞなぞの　こたえは　なんですか。

（　　　　　　　　）

(4) ──④「まるくて……おいしい　もの」の　ただしい　こたえは　なんですか。

（　　　　　　　　）

(5) ──⑤「ぽんぽん　はねながら」から　わかる　女の子の　ようすを　つぎから　えらび、きごうで　こたえましょう。

ア　あわてて　いる。
イ　おこって　いる。
ウ　よろこんで　いる。

（　　）

指導のコツ　この文章では、なぞなぞの答えを正しくとらえるとともに、女の子とお母さんの心情をとらえることが大切です。

21日 まとめテスト (4)

月　日

時間 20分 [はやい15分・おそい25分]
合格 80点
得点　　点
シール

1 つぎの 文《ぶん》しょうを よんで、あとの といに こたえましょう。

「そこは ものおき。中《なか》は がらくたばかりよ。きたないから、はいるの やめときなさい。」
①「でも、みたいよう。だめ？」
②「じゃあ、ちょっとだけね。」
おばあちゃんは とを あけて くれました。

ほんとうに ふるい ものばかり。ほこりっぽい においも します。

「あら、まあ、あの いす。あんたの おとうさんが 小《ちい》さかった ときの いすよ。とっくに すてたと おもってたけど。
③まだ あったのね。」

(1) ―①「でも、みたいよう。だめ？」は、だれの ことばですか。(20てん)

（　　　　）

(2) ―②「おばあちゃんは とを あけて くれました」と ありますが、どこの とを あけたのですか。(20てん)

（　　　　）

(3) ―③「まだ あったのね」と ありますが、なにが あったのですか。(10てん)

タックんの（　　　　）が 小さかった ときの いす。

↓こたえは74ページ

おばあちゃんが　上《うえ》に　のって　いる
はこを　もちあげると、④小さな　いすが
みえました。その　いすの　せなかには
ふるい　はちまきが　ぶらさがり、すわる
ところの　きれは　やぶれて　いました。
「ぼく　すわって　みる。」
タッくんが　ちかづこうと　すると、
「だめだめ。ほこりだらけだから。⑤のどが
ごほごほしちゃうわよ。さ、むこうへ　い
きましょ。」
おばあちゃんは　タッくんの　手《て》を
ひっぱりました。
でも、ものおきは　ほかの　へやより
ずっと　おもしろそうです。
タッくんは　おばあちゃんには　ない
しょで　□　ものおきに　もどると、
中に　はいって　とを　しめました。

（角野《かどの》栄子《えいこ》「いすうまくん」）

(4) ――④「小さな　いす」は　どんな　ようすだったのですか。（一つ10てん―20てん）

せなかには（　　　　）
が　ぶらさがり、すわる　ところの　きれ
は（　　　　）いた。

(5) ――⑤「のどが　ごほごほしちゃう」のは　どうしてですか。（10てん）

いすが（　　　　）だから。

(6) □に　あてはまる　ことばを　つぎから　えらび、きごうで　こたえましょう。（20てん）

ア　ずっと　イ　そっと
ウ　もっと　（　　）

せつめい文《ぶん》を よむ (1)

1 つぎの 文《ぶん》しょうを よんで、あとの といに こたえましょう。

①「は」は からだの なかから はえて きます。

それは たべものの 「えいよう」で つくられます。

ですから たべものが かたよって いると ② ない 「は」に なりません。よわい 「は」や ぼろぼろの 「は」に なって しまいます。

③ こと――

(1) ――①「は」に ついて、こたえましょう。

① 「は」は どこから はえて きますか。

（　　　　）から。

② 「は」は なにで つくられて いますか。

（　　　　）の 「えいよう」。

↓こたえは75ページ

(2) ② に あてはまる ことばを つぎから えらび、きごうで こたえましょう。

ア じょうぶ
イ しずか
ウ さわやか

（　　）

じょうぶな　からだを　つくる　こと――
・ひの　ひかりや　よい　くうきの　なか
で　げんきに　うんどうする　こと――
こうして　じょうぶな　「は」が　で
きるのです。
あなたの　「は」が　みんな　そろって
④じょうぶで　よい　「は」だったら――
――あなたは　よく　たべものを　かむ
でしょう。
「まえば」で　しっかり　ちぎり　「おく
ば」で　よく　すりつぶすでしょう。
すると　おなかの　なかで　みんな　よ
い　「えいよう」に　なります。
（加古里子《かこさとし》「ははは　の　はなし」）

(3) ③ に　あてはまる　ことばを　つぎか
ら　えらび、きごうで　こたえましょう。
ア　はやおきする
イ　げんきに　あるく
ウ　なんでも　たべる
（　　　）

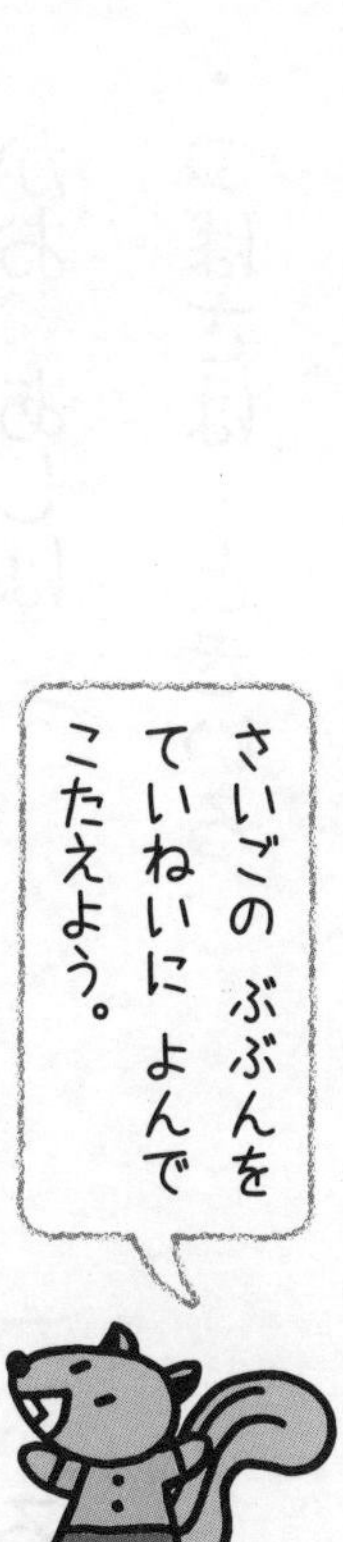
さいごの　ぶぶんを
ていねいに　よんで
こたえよう。

(4) ――④「じょうぶで　よい　『は』」なら、
たべものは　なにに　なりますか。
（　　　　　　）に　なる。

指導のコツ　丈夫な歯を作るにはどうすればよいかが書かれた文章です。「栄養」でよい歯が作られること、よい歯が、また、「栄養」を作ることを押さえます。

せつめい文《ぶん》を よむ (2)

1 つぎの 文《ぶん》しょうを よんで、あとの といに こたえましょう。

もりの なかから タアー タアーと からすに にた なきごえが きこえて きました。

しろい とりが たにまに のびた ふとい きから すうっと とんで きました。くちばしの さきと かお、あしは あかい いろを して います。

①ときです。つばさの いろは ときいろです。ふゆから なつの あいだ くびから せなかは くろい いろを して います。

ときが とんで きたのは もりの ちかくの たんぼです。ようじんぶかい と

↓こたえは75ページ

(1) ①「とき」に ついて まとめましょう。

・（　　　　）と なく。

・しろい とりで、くちばしの さきと かお、あしは（　　　　）いろ。

・つばさは ときいろ。

・ふゆから なつの あいだ くびから せなかは（　　　　）いろ。

(2) ②「きつねや……うかがいます」から、ときの どんな ようすが わかりますか。

月　日

シール

きは、すぐには　じめんに　まいおりません。②きつねや　いたちなど　ときを　ねらう　ものが　いないか、きの　うえに　とまって　ようすを　うかがいます。
　たんぼは　みずが　あさく、ながれも　ゆるやかなので　③あしが　みじかい　ときに　とって　よい　えさばに　なります。いねを　あらす　むしを　ときが　たべる　ことも　たんぼに　おとす　ふんが　いねの　えいように　なる　ことも　むらの　ひとは　しって　います。
　ときは　ながい　くちばしを　じょうずに　つかって　④えさを　さがします。うまれたばかりの　こざかな、じっと　うごかない　かい、にげるのが　へたな　かえる、たんぼの　あぜの　くさむらに　いる　むしも　たべます。
（夏目《なつめ》義一《よしかず》「ときが　とぶ　そら」）

よ［　　　　　　　　］うす。

(3) ―③「あしが　みじかい」ときに、たんぼが　よい　えさばに　なるのは　どうしてですか。
　みずが（　　　　　）、ながれも（　　　　　）だから。

(4) ―④「えさ」と　ありますが、ときの　たべる　ものを　かきましょう。
・こざかな　　・（　　　　　）
・（　　　　　）　・むし

指導のコツ 「とき」について詳しく説明した文章です。「とき」の鳴き声、体の色、習性、餌などを正しく読み取ります。

24日

せつめい文《ぶん》を よむ (3)

↓こたえは76ページ

月　日

シール

1 **つぎの 文《ぶん》しょうを よんで、あとの といに こたえましょう。**

3がつ。おおいぬのふぐりが みちばたに たくさんの はなを さかせました。はたけの そばや、たんぼの あぜなど ひとの とおりみちに さいて います。ひめおどりこそうや なずなも いっしょです。

はなを みつけた むしが とんで きました。

やって きたのは、あぶの なかま。おおいぬのふぐりは はなを さしだすように して ①あぶを さそって います。

ちいさな むしだけ きて ください、

(1) この 文しょうは、なんと いう はなに ついて せつめいして いますか。

（　　　　　　　　）

(2) (1)の はなは、どこに さいて いるのですか。

（　　　　　）の そばや、

（　　　　　）の あぜなど ひとの とおりみち。

(3) ――①「あぶを さそって います」と ありますが、どう いって いるようなのですか。それが かいて ある ぶぶんの

おおきな　むしは　ささえられませんよ、そう　いって　いるようです。

②みつの　ありかを　おしえましょうか。はなびらには　あおい　すじが　ついています。

すじを　たどって　いくと　めしべのねもと。

あまい　みつは　はなの　おくに　あります。

あぶが　みつを　なめようと　して　あたまを　さしいれると　おしべの　かふんが　からだに　つきます。

とびたった　あぶは　ついた　かふんをべつの　はなに　とどけます。

（矢間芳子《やざまよしこ》「おおいぬのふぐり」〈福音館書店刊〉）

はじめと　おわりの　三字《さんじ》を　こたえましょう。

［　　　］～［　　　］

(4) ②「みつの　ありか」と　ありますが、みつは　はなの　どこに　あるのですか。

はなの（　　　）に　ある。

(5) はなを　とびたった　あぶは　どう　するのですか。

（　　　）を

（　　　）に　とどける。

指導のコツ　おおいぬのふぐりが咲いている場所や、あぶとの関係などを正しく読み取ります。

25日 まとめテスト (5)

月　日

時間20分【はやい15分・おそい25分】
合格80点
得点　点

シール

❶ つぎの　文《ぶん》しょうを　よんで、あとの　といに　こたえましょう。

ふるい　いけの　なかには　いろいろな　いきものが　すんで　います。フナ、ドジョウ、ゲンゴロウ。よく　みると、そこの　ほうには　①ヤゴが　ひっそりと　くらして　います。

トンボの　こどもです。きょねんの　あきに　うまれて、もう　ずいぶん　おおきく　なって　います。

そろそろ　トンボに　なる　ために　みずから　でて　いかなくては　なりません。よるに　なりました。まっくらな　なかを　ヘイケボタルが　ぴかーり、ぴかーり

(1) ――①「ヤゴ」に　ついて、こたえましょう。（一つ15てん―30てん）

①どこで　くらして　いるのですか。

いけの（　　　）の　ほう。

②どんな　いきものですか。

トンボの（　　　）。

(2) ヤゴは　なんの　ために　みずから　でて　いくのですか。つぎから　えらび、きごうで　こたえましょう。（20てん）

ア　えさを　とる　ため。

イ　おおきく　なる　ため。

ウ　トンボに　なる　ため。

（　　　）

⬇こたえは76ページ

ひかりながら　とびまわって　います。

ヤゴは　みずくさの　くきを　しずかに　のぼって、みずの　そとへ　でました。

くきの　とちゅうに　しっかり　つかまって、じっと　して　いると、おやおや、せなかが　われて、なかから　きれいな　トンボが　でて　きました。トンボの　なまえは　アキアカネです。

あさに　なりました。

②アキアカネは　まだ　とぶ　ことが　できません。からだが　じゅうぶん　かたまって　いないのです。

その　とき、おおきな　スズメバチが　えものを　さがしに　とんで　きました。

あぶない、あぶない。

（小林清之介《こばやしせいのすけ》「あかとんぼの　たび」）

(3) ヤゴが　トンボに　なる　じゅんに、すう字《じ》を　かきましょう。（30てん）

（　）トンボが　でて　くる。

（　）くきの　とちゅうに　つかまり、じっと　して　いる。

（　）みずくさの　くきを　のぼって、みずの　そとへ　でる。

（　）せなかが　われる。

(4) ――②「アキアカネは　まだ　とぶ　ことが　できません」と　ありますが、どうしてですか。（20てん）

からだが　じゅうぶん（　　　　　　）いないから。

しを よむ (1)

月 日

シール

1 つぎの しを よんで、あとの といに こたえましょう。

ジュース　たかぎ　あきこ

①ジュースを　のむとき
ぼく　ストローで
すーいすい
エレベーターみたいに
のんじゃうの

オレンジいろや
ぶどういろの　エレベーター
でも　ときどき
②ストローなしで　のむんだよ
ごっくん　ごっくん
かいだんみたいにね！

(1) ①「ジュースを　のむとき」の　ようすは、なにみたいですか。

（　　　　）みたい。

(2) ②「ストローなしで　のむ」ときの　ようすは、なにみたいですか。

（　　　　）みたい。

(3) ジュースを　のむときの　ようすを　あとから　えらび、きごうで　こたえましょう。

① ストローで　のむ　（　　）

② ストローなしで　のむ　（　　）

ア　ごっくん　ごっくん

イ　すーいすい

こたえは77ページ

2 つぎの　しを　よんで、あとの　といに　こたえましょう。

はしるの　だいすき　　まど・みちお

はしるの　だいすき
たったたったたっ
つちを　けって
くさを　けって
かぜを　けって
たったたったたったたったたったた
おもしろい

はしるの　だいすき
たったたったたっ
あしも　はしる
むねも　はしる
かおも　はしる
たった　たった　たった　たった　たった

（1）□に　あてはまる　ことばを　しの　中《なか》から　見《み》つけて　かきましょう。

（　　　）

（2）この　しを　こえに　出《だ》して　よむ　とき、どのように　よめば　よいですか。つぎから　えらび、きごうで　こたえましょう。

ア　たのしそうに　リズムよく　よむ。
イ　かなしそうに　小《ちい》さい　こえで　よむ。
ウ　いそがしそうに　早口《はやくち》で　よむ。

（　　　）

指導のコツ　詩の表現では、擬音語、擬態語が効果的に使われる場合があります。何の様子を表しているかも考えて、読み味わうようにします。

しを よむ (2)

月 日

シール

1 つぎの しを よんで、あとの といに こたえましょう。

木《き》
しみず たみ子《こ》

木はいいな、
ことりが とまりにくるから。
ぼく、
木になりたい。
ぼくの木に、
すずめがたくさん とまりにきたら、
うれしくて、
くすぐったくて、
からだじゅうのはっぱを ちらちらさせて、
わらっちゃう。

(1) ――「ちらちらさせて」は はっぱの どのような ようすを あらわして いますか。つぎから えらび、きごうで こたえましょう。

ア ぬれて いる。 イ ひかって いる。
ウ ゆれて いる。

（　　）

(2) 「ぼく」は、どのような 木の ようすを おもいうかべて いますか。つぎから えらび、きごうで こたえましょう。

ア 花《はな》が いっぱい さいた 木。
イ すずめが たくさん とまった 木。
ウ くだものが たくさん なった 木。

（　　）

こたえは77ページ

2 つぎの しを よんで、あとの といに こたえましょう。

いちねんせい　うちだ　りんたろう

うれしい　たのしい　いちねんせい
おっとせい　くんせい　らっかせい
せいせきおちたら　きがせいせい

うれしい　たのしい　いちねんせい
きんせい　もくせい　めいおうせい
せいせきのびたら　ようきのせい

うれしい　たのしい　いちねんせい
よそみせい　ぽっとせい　あくびをせい
せんせいおこったら　ねたふりせい

うれしい　たのしい　いちねんせい
ほっとせい　あっとせい　みちくさせい
せいがのびたら　にねんせい

(1) この しは どのような しですか。つぎから えらび、きごうで こたえましょう。

ア しらべた ことを せつめいした し。
イ ことばを つかって あそんで いる し。
ウ うつくしい ふうけいを のべた し。

（　　）

(2) この しを こえに 出《だ》して よむ とき、どのように よめば よいですか。つぎから えらび、きごうで こたえましょう。

ア こころを こめて しずかに よむ。
イ さびしそうに ゆっくり よむ。
ウ たのしそうに げん気《き》よく よむ。

（　　）

指導のコツ 「いちねんせい」は、言葉遊びを扱った楽しい詩です。声に出して読むと、楽しい感じが伝わります。

にっき・生《せい》かつ文《ぶん》・手《て》がみを よむ (1)

月　日

シール

1 つぎの にっきを よんで、あとの といに こたえましょう。

［①］ はれ

きょうは、ア ひる休《やす》みに イ 校《こう》ていで、ウ 田中《たなか》さんと いっしょに エ なわとびを しました。

田中さんは 十《じっ》かい つづけて とべました。でも、わたしは、八《はち》かいしか とべませんでした。

たのしかったけれど、八かいしか とべなかったので、すこし ［②］ です。もっと れんしゅうを して、十かい つづけて とべるように なりたいです。

↓こたえは77ページ

(1) にっきの ［①］ に かく ことを つぎから えらび、きごうで こたえましょう。

ア 日《ひ》づけ　イ じぶんの 名《な》まえ

ウ だい名《めい》　（　　）

(2) ——ア〜エの 中《なか》から、つぎの ことを かいて いる ぶぶんを それぞれ えらび、きごうで こたえましょう。

①どこで。（ばしょ）　（　　）

②なにを したか。　（　　）

(3) ［②］ に あてはまる ことばを つぎから えらび、きごうで こたえましょう。

ア おもしろかった　イ くやしかった

ウ うれしかった　（　　）

2 つぎの　手《て》がみを　よんで、あとの　といに　こたえましょう。

まさこおばあちゃんへ

おげん気《き》ですか。

このあいだは、おいしい　みかんを　たくさん　おくって　くれて、どうも　ありがとう。おとうさんも　おかあさんも　「おいしい、おいしい」と　いって　たべていたよ。ぼくも　たくさん　たべました。

いま、ぼくは　一《いち》りん車《しゃ》の　れんしゅうを　して　います。むずかしいけれど　おもしろいです。こんど、見《み》せて　あげるね。

お正月《しょうがつ》に　また、おばあちゃんに　あえるのを　たのしみに　して　います。

ふみひこ

(1) 手がみに　かいて　いる　じゅんに、すう字《じ》を　かきましょう。

（　1　）あいての　名まえ

（　　）おれいの　ことば

（　　）はじめの　あいさつ

（　　）じぶんの　名まえ

（　　）いまの　じぶんの　ようす

(2) この　手がみで、ふみひこさんが　いちばん　かきたかった　ことを　つぎから　えらび、きごうで　こたえましょう。

ア「おげん気ですか。」と　いう　ことば。

イ　みかんを　もらった　ことの　おれい。

ウ　お正月に　あえるのを　たのしみに　して　いる　こと。

（　　）

指導のコツ　日記や手紙には、それぞれ決まった書き方があります。正しく書けるようにしておくことが大切です。

にっき・生《せい》かつ文《ぶん》・手《て》がみを よむ (2)

1 **つぎの さく文《ぶん》を よんで、あとの といに こたえましょう。**

ぼくたちの 学校《がっこう》では、一年生《いちねんせい》が 学校に いく とき、六《ろく》年生の おにいさん、おねえさんが、いっしょに 学校まで つれて いって くれます。これは、むかしから、ぼくたちの 学校で おこなわれて いる ①ことだそうです。

ぼくは、六年生の おにいさんに つれて いって ②もらった。ぼくも、六年生に なったら、一年生と いっしょに、学校に いきたいなと ③おもいます。

(1) ──①「ことだそうです」、③「おもいます」の まえの ぶぶんは、どんな ことを かいて いますか。つぎから えらび、きごうで こたえましょう。

ア じぶんが 見《み》た こと。
イ じぶんが した こと。
ウ じぶんが かんがえた こと。
エ じぶんが はなした こと。
オ 人《ひと》から きいた こと。

①（　　）　③（　　）

↓こたえは78ページ

(2) ──②「もらった」を、ほかの ぶぶんに あわせて かきなおしましょう。

（　　　　　　　　）

2 つぎの　さく文を　よんで、あとの　といに　こたえましょう。

わたしは　さかあがりが　できませんでした。［①］、まい日《にち》、さかあがりの　れんしゅうを　して　いました。

いつも、ともだちの　えみちゃんが、わたしの　足《あし》を　もって　くれました。

月《げつ》よう日《び》、わたしは　さかあがりを　しようと　おもいきり、じめんを　けりました。すると、からだが　［②］　まわって、はじめて　さかあがりが　できました。えみちゃんも
「よかったね。」

と　いって　くれて、とても　うれしかったです。

(1)　［①］に　あてはまる　ことばを　つぎから　えらび、きごうで　こたえましょう。
ア　だから　　イ　けれど
ウ　もし
（　　　）

(2)　［②］に　あてはまる　ことばを　つぎから　えらび、きごうで　こたえましょう。
ア　がらっと　　イ　くるっと
ウ　けろっと
（　　　）

(3)　かぎ（「　」）が　ぬけて　いる　ぶぶんを　さがし、かぎを　つけて　かきましょう。
（　　　）

指導のコツ　作文を書き終わったら、間違っているところがないか確かめることが大切です。接続語なども正しく使えるようにします。

30日

まとめテスト(6)

↓こたえは78ページ

月　日

時間 20分【はやい15分・おそい25分】
合格 80点
得点　点
シール

1 つぎの　さく文《ぶん》を　よんで、あとの　といに　こたえましょう。

山田《やまだ》　ゆり

一年生《いちねんせい》で　いちばん　がんばった　ことは、かん字《じ》を　おぼえる　ことです。たくさんの　かん字を　おぼえるのが　むずかしくて、いえで　まい日《にち》　かん字の　れんしゅうを　しました。

二年生《に》に　なったら、かん字を　もっときれいに　かくように　したいです。

その　ほかには、すききらいを　なくして、なんでも　たべられるように　なりたいです。

(1) かん字を　おぼえる　ために、山田さんは　どんな　ことを　しましたか。(20てん)

(　　　　)。

(2) 山田さんが　二年生に　なって、がんばりたい　ことを　つぎから　二《ふた》つ　えらび、きごうで　こたえましょう。(一つ10てん—20てん)

ア かん字を　たくさん　おぼえる　こと。
イ かん字を　きれいに　かく　こと。
ウ すききらいを　なくす　こと。
エ ごはんを　たくさん　たべる　こと。

(　　)(　　)

❷ つぎの　しを　よんで、あとの　といに　こたえましょう。

さかだち　　ありま　たかし

ぼくは　もっている
ちきゅうを
りょうてで
ちきゅうをもっている
ぼくのては
いま　ちきゅうを
もっている

ぼくは　もっている
いえも　いぬも
まちも　やまも
さかさまにもっている
ぼくのては
いま　ちきゅうを
もっている

(1) ――「ぼくは　もっている」と　ありますが、なにで　なにを　もって　いるのですか。（一つ20てん―40てん）

[　　　]で　[　　　]を　もって　いる。

(2)「ぼく」は　どんな　かっこうを　して　いるのですか。（10てん）

[　　　]

(3) この　しは　どんな　ところが　おもしろいのですか。つぎから　えらび、きごうで　こたえましょう。（10てん）

ア　くわしく　見《み》て　いる　ところ。
イ　見た　ことを　しらべて　いる　ところ。
ウ　見かたを　かえて　いる　ところ。

（　　）

しんきゅうテスト

月　日

時間 30分［はやい25分・おそい35分］
合格 80点
得点　点

シール

1 つぎの 文《ぶん》しょうを よんで、あとの といに こたえましょう。

あなたが あそびに つかう しゃべるも つちや すなを すくう どうぐです。

おおきな すこっぷは もっと たくさんの つちや すなを ほったり すくったり する どうぐです。

そして ぱわーしょべるは いっぺんに つちを たくさん ほったり、［①］すくいとる おおきな つよい どうぐです。

↓こたえは79ページ

(1) つちを すくう どうぐを、ちいさい じゅんに 三《みっ》つ かきましょう。（一つ10てん—30てん）

（　　）（　　）（　　）

(2) ［①］に あてはまる ことばを つぎから えらび、きごうで こたえましょう。（10てん）

ア ちょっと
イ どっさり
ウ ふらふらと

（　　）

まちや　こうばには　おおきくて　つよい　どうぐが　たくさん　あります。

その　②おおきくて　つよい　どうぐは　わたしたちの　うちで　つかう　ちいさな　どうぐと　③おなじような　はたらきを　して　います。

でも、おおきな　どうぐは　ちいさな　どうぐより　もっと　はやく　もっと　よく　もっと　もっと　たくさんの　しごとを　やって　しまいます。

（加古里子《かこさとし》「どうぐ」）

(3) ―②「おおきくて　つよい　どうぐ」は　どこに　ありますか。（10てん）

（　　　　）

(4) ―③「おなじような　はたらき」と　ありますが、はんたいに　どんな　ところが　ちがいますか。（10てん）

ちいさな　どうぐに　くらべて、たくさんの（　　　　）が　できる　ところ。

(5) この　文しょうは、なにに　ついて　かかれて　いますか。つぎから　えらび、きごうで　こたえましょう。（10てん）

ア　はたらき　　イ　あそび

ウ　どうぐ

（　　）

2 つぎの しを よんで、あとの といに こたえましょう。

こうしんきょく　くどう　なおこ

なつの　そら　うみの　うえ
ならんだ　ならんだ　にゅうどうぐも

ぬんぬくぬくぬく　もっこっこ
ぬんぬくぬくぬく　ふっくらこ

「まえへ――すすめっ！」

あとから　あとから　にゅうどうぐも
ぬんぬくぬくぬく　ぴっかっか
ぬんぬくぬくぬく　せがのびる

なつの　そら　うみの　うえ
それみて　さかなが　はねたとさ

(1) この　しの　きせつは　いつですか。(10てん)
（　　）

(2) ――「にゅうどうぐも」は　どんな　ようすですか。つぎから　えらび、きごうで　こたえましょう。(10てん)
ア　すこしずつ　小《ちい》さく　なって　いる。
イ　どんどん　大《おお》きく　なって　いる。
ウ　だんだん　きえて　いって　いる。
（　　）

(3) この　しを　こえに　出《だ》して　よむ　とき、どのように　よめば　よいですか。つぎから　えらび、きごうで　こたえましょう。(10てん)
ア　大きな　こえで　げん気《き》よく　よむ。
イ　小さな　こえで　しずかに　よむ。
ウ　早口《はやくち》で　いそいで　よむ。
（　　）

こたえ

読解力12級

●1日 2・3ページ

1 (1)ピアノ・おにごっこ
(2)ウ
(3)ぱかあん
(4)ぴょん ぴょん
(5)あったとさ

指導の手引き

1 (1)最初のまとまりで「きょだいな」ものは、「ピアノ」です。百人の子どもが、ピアノの上で何をしているのかを読み取ります。
(2)二つ目のまとまりで「きょだいな」ものは、「せっけん」です。「せっけん山」に水をかけ、すべりっこをしている百人の子どもの姿を想像します。
(3)三つ目のまとまりで「きょだいな」ものは、「もも」です。「ぱかあん」という音から、巨大な桃が勢いよく割れる様子が想像できます。
(4)「ももたろう」が巨大な桃から元気よく飛び出す様子が、「ぴょん ぴょん」と表現されています。
(5)このお話には、何度も繰り返し使われている言葉があります。三つのまとまりが、それぞれ「あったとさ あったとさ／ひろい のっぱら どまんなか／きょだいな ○○(が) あったとさ」という言い方で始まっていることに着目します。

チェックポイント　マス目を埋める問題
マス目を埋める問題では、マス目の数がヒントになります。(1)には三字と五字、(3)には四字、(5)には五字の言葉が、それぞれ入ります。マス目の数に合う言葉を文章中から抜き出すようにします。

●2日 4・5ページ

1 (1)①あり ②足もと
(2)ア
(3)イ
(4)イ

指導の手引き

1 (1)①「きみの 足もと」と言われて見てみると、「小さい ありたちが 見えて きた」とあります。「きりんくん、きりんくん。」という声の主は、一匹のありだったことがわかります。②「ほら、きみの 足もと」という声が聞こえてきたのです。「きみ」とは、きりんのことです。
(2)「目をこらす」とは、一つのところをじっと見つめることです。きりんは、誰がいるのか知るために、声のしたほうをじっと見つめたのです。
(3)一匹のありに「なにを、見て いるの？」と聞かれたきりんは、どのように答えようかと考えているのです。だから、「すこし だまってから」、「じぶんで、見て みる？」と言ったのです。
(4)「とことこ ちこちこ」は足を動かして歩く様子を表します。この言葉から、大きなきりんの体を一生懸命上っていく、小さなありの様子が想像できます。

チェックポイント　様子をとらえる問題
物語文の様子をとらえる問題では、様子を表す言葉(擬態語)や音を表す言葉(擬音語)に着目して、登場人物や情景などがどんな様子なのかを考えるようにします。(4)の問題では、「とことこ ちこちこ」という言葉を、何度か声に出して読んでみると様子がよくわかります。

●3日 6・7ページ

1 (1)うみ

(2)おとうさん（と）　おかあさん（順不同）
(3)ウ
(4)しょっぱい
(5)ア

指導の手引き

1 (1)「ワニぼうは　はじめて　みる　うみに　おどろきました」や、「これが　うみなんだね」とお父さんに言っている言葉から推測します。
(2)この物語に登場するのは、ワニぼう、お父さん、お母さん、そしてタコです。ワニぼうが、お父さん、お母さんと海に来ている場面を描いた物語です。
(3)「ぷーかり　ぷか　ぷか　ぷか／ぷーかり　ぷか　ぷか」と海にのんびりと浮かんでいるワニぼうたちの様子が想像できます。
(4)ワニぼうがタコに、「この　みず　しょっぱいから　のんじゃ　だめだよ」と教えていることから読み取ります。「この　みず」とは、海の水のことです。
(5)「首をかしげる」とは、不思議に思ったときや変だと思ったときに首をかたむけることです。ワニぼうは、自分がはき出したしょっぱい海水をタコが平気で飲んだので、「不思議だな。変だな。」と思っているのです。この様子に合うのは、「首をかしげる」という表現です。

チェックポイント　**登場人物を問う問題**
この物語の登場人物は、海にやって来たワニぼう、お父さん、お母さんというワニの家族と、海にすんでいるタコです。物語文では、登場人物についての問題がよく出題されます。どんな人物が登場し、それぞれどんな関係なのかを正しく読み取ることが大切です。

● 4日　8・9ページ

1 (1)金よう日・夕がた
(2)たくや・おとうさん
(3)おふろ
(4)校ちょう先生・おきゃくさん
(5)イ

指導の手引き

1 (1)文章の初めに、「金よう日の　夕がた」とあります。この部分から、いつの出来事であるかを読み取ります。時間の問題では、「金よう日」だけでなく「夕がた」まで、できるだけ詳しくとらえることに注意します。
(2)この物語で話をしているのは、たくやとお父さんの二人です。「校ちょう先生」や「おの先生」は、たくやの話の中に出てくる人物で、実際にその場にいるわけではないので、注意します。
(3)たくやとお父さんは、二人でお風呂に入って話をしています。「たくやは、おとうさんと　おふろに　はいるのが　だいすき」なのです。
(4)「きょうね、一くみへ　校ちょう先生が……」という、たくやの話に着目します。校長先生が教室に連れて来たのは誰なのか、たくやの言葉から読み取ります。
(5)「目を　つぶり、耳を　りょう手で　おさえたまま」だったのは、シャンプーが目や耳に入らないようにするためです。そのような状態のまま、たくやが「かおを　あげ」たのは、どうしてか、たくやの気持ちを読み取ります。

チェックポイント　**時間・場所・人物**
(1)は「いつ」、(2)は「誰と誰」、(3)は「何をしたか」を聞いている問題です。物語文では、「いつの出来事なのか」（時間）、「どこで起こったことなのか」（場所）、「誰が出てくる物語なのか」（人物）などを正しく読み取ることが基本です。

● 5日　10・11ページ

1 (1)ぽんぽん山・やまんば
(2)だんご
(3)ア
(4)ウ

指導の手引き

1 (1)この物語の主人公です。物語に出てくる「やまんば」は、ふつう、おそろしいものとして描かれることが多いですが、ここでは、「はずかしがりやの　やまんば」であることに注目します。

(2)こうさぎたちの様子を木のかげから見ていたのは、やまんばがふもとの町までだんごを買いに行った帰り道のことです。

(3)やまんばの動作から、気持ちを読み取ります。「ため息をつく」のは、主に困ったときや悲しいとき、また、がっかりしたときなどです。ここでは、月に向かって呼びかけるこうさぎたちが、猟師に撃たれたうさぎの子どもではないかということに思い当たったやまんばが、どうしたらいいのだろうと困っているのです。

(4)「そっと　おきました」の部分に注目します。「そっと」は、ここでは物音を立てないようにこっそりする様子を表す言葉です。やまんばは自分がだんごの包みを草の上に置いたことを、こうさぎたちに知られずに、おなかをすかしたこうさぎたちにだんごを渡したいと思っていることがわかります。

チェックポイント　物語のあらすじをつかむ

物語を読むときは、おおよその話の流れ（あらすじ）をつかむことが大切です。そのためには、「登場人物の中で主人公は誰か」「その主人公は、どのようなことを思い、どのような行動をとったか」を正しく理解する必要があります。この物語のあらすじは、「母うさぎが猟師に撃たれたことも知らず月でだんごを作っていると想像し、おなかをすかせて待つこうさぎたちを見て、かわいそうに思ったやまんばが、自分の買っただんごをそっと草の上に置く」というものです。やまんばの心の動きにも注目します。

●6日　12・13ページ

❶ (1)はさみ

(2)・すいえいぼう　・タオル　・すいえいカード　（順不同）

(3)ア

(4)ランドセル

(5)ウ

指導の手引き

❶ (1)文章の初めの部分に、くろさわくんが「ぼく」に返すのを忘れたのは何かが書いてあります。「ぼく」も、返してもらうことを忘れていたものです。

(2)「きのうの　よる、ちゃんと　バッグに　いれといたんだぜ」とくろさわくんが言うように、プールに入るのに必要なものは、全部忘れずに持ってきていました。このように複数の答えを解答する問題では、文を読みながら、印をつけていくようにするとよいでしょう。

(3)「目をまんまるくする」のは、驚いたりあきれたりしたときです。くろさわくんは、肝心なものを持ってくるのを忘れたことに自分で驚いているのです。このような慣用句は覚えておくと文章の読解に役立ちます。

(4)「ランドセル」は、いつも学校に持っていく大切なものです。水泳に関するものは忘れずに持ってきたのに、くろさわくんは、その大切なランドセルを持ってくるのを忘れてしまったのです。

(5)くろさわくんの行動や発言、まわりの人のくろさわくんに対する態度などから、くろさわくんがどんな子であるかを読み取ります。〝はさみを返すのを忘れた〟というエピソードから始まって、「いちばん　ひどかった」プール開きの日の話へつながるこの物語を通して、くろさわくんは「いつも　わすれものをする」というのが、いちばんの特徴として描かれています。

チェックポイント　人物の特徴をつかむ

この物語の登場人物であるくろさわくんは、すぐに忘れ物をしてしまう困った子どもです。しかし、「ぼく」もしらかわ先生も、忘れ物をするくろさわくんに手を焼きながらも、どこかくろさわくんに対して、温かく接していようです。くろさわくんには、憎めない一面があるようにも感じられます。このように、物語の登場人物の特徴については、さまざまな面から考えるようにします。

●7日 14・15ページ

1 (1)ア

(2)しんぞう

(3)・からだが　ひつような　もの

・わるい　もの

(4)ちの　めぐり・からだの　はたらき

(5)ねびえ

指導の手引き

1 (1)あてはまる接続語を選ぶ問題では、空欄の前後の文脈をとらえ、前の部分とあとの部分のつながり方から考えます。①の場合、前のことを理由として、あとのことが説明されているので、順接の接続語「だから」があてはまります。

(2)「しんぞうと　いう　ぽんぷから」という表現に着目します。ポンプは水などを吸い上げたり押し出したりするものです。血を吸い上げたり押し出したりする心臓の働きを、ポンプにたとえて「しんぞうと　いう　ぽんぷから」といっているのです。解答欄のマス目も参考にして、「ぽんぷ」ではなく、「しんぞう」と答えることに注意させます。

(3)「ちは　からだが……また　しんぞうに　もどって　くる。」という段落に、血の働きが書かれています。二つの働きを解答欄にあてはまるように抜き出します。

(4)すぐあとの文で、「うまく　いかなかった　ためだ」と、理由を説明しています。理由を表す文は、文末に「……ためだ。」「……だからだ。」などの言葉がつきます。

(5)文章全体から中心となる話題について考えます。最後の段落の『ねびえ』は　びょうきでは　ない。……」に着目します。

チェックポイント　話題の中心をとらえる

説明文の話題の中心は何かをとらえるためには、文章全体から考えることが大切ですが、文章の初めと終わりの部分がヒントになる場合が多くあります。特に、文章の最後の部分で、主題に対する結論や、筆者の意見が述べられていることが多いので注意します。

●8日 16・17ページ

1 (1)たね・ひみつ

(2)①4・9　②2000

(3)(ひとの)　からだ・(車の)　タイヤ(順不同)

(4)あちこちに　おちる

(5)イ

指導の手引き

1 (1)文章の最初のまとまりの最後で、「……あるのでしょうか。」と、読み手に対して問題を投げかけています。このような投げかけがある文章では、この問題に対する答えを考えながら読んでいくようにすると、理解が深まります。

(2)「おおばこは、4月から……」の文で、①の「おおばこの花はいつ咲くのか」、②の「種をどれくらいつくるのか」について、それぞれ説明しています。

(3)おおばこの種をあちこちに運んでいたのは、人や車だったのです。自分では動けない植物が種を運ぶための知恵です。

(4)人の体や車のタイヤなどにくっついて運ばれたおおばこの種は、かわいてねばりがなくなるとあちこちに落ちます。そのため、おおばこは人の行くところにはどこにでも見られるのです。

(5)「……でしょう。」という想像や推測を表す言い方で、筆者が自分の考えたことを書いています。説明文を読むときは、事実を述べた文と考えを述べた文を区別して、筆者の考えを読み取ることが大切です。

チェックポイント　問題を投げかける文

この文章は、初めに、読み手に対して問題

を投げかけています。そして、その問題について考え、答えを導き出しています。説明文には、このような構造の文章がよくあります。

● 9日 18・19ページ

1 (1)(順に)(1)・4・3・2・(5)
(2)わたげ
(3)かぜを　つかまえ
(4)ガマ
(5)あたらしい　みずべ

指導の手引き

1 (1)タンポポの花が終わってから、新しいタンポポになるまでが、順序よく説明されています。タンポポの種の役割に注目して正しく理解します。

(2)「ススキの　たねも　わたげで　そらを　とびます。」とあります。タンポポと同じように、ススキもわたげが風をつかまえて空を飛ぶのです。

(3)「風をつかまえる」とは、ここでは「風にうまくのる」という意味です。ススキの種は、風の力によって、できるだけ遠くまで飛ぼうとしているのです。

(4)すぐあとに、タンポポやススキのほかに、わたげで飛ぶ種を紹介しています。「ガマのわたげは　かぜに　のって」と書かれています。

(5)ガマは、水辺に生えている植物です。ガマの種も、新しい水辺を目指して飛んでいくのです。

チェックポイント　説明の順序①

(1)は、説明の順序を問う問題です。このような問題では、キーワードに注目して文章中の該当する部分を読んでいきます。ここでは、「たね」という言葉に着目して、文章を読むとよいでしょう。

● 10日 20・21ページ

1 (1)にょき　にょき
(2)しか・くま（順不同）
(3)てんぷら・おひたし（順不同）
(4)わきめ
(5)(順に)(1)・4・2・3

指導の手引き

1 (1)「にょき　にょき」は、植物などがどんどん生長する様子を表した擬態語です。「にょき　にょきと　つったって　いる」から、どんどん上へ伸びていく「たらのき」の姿が想像できます。

(2)「ふゆごもり」とは、冬眠のことです。冬眠から覚めた鹿や熊はおなかをすかせています。だから、鹿や熊は、大好物の「たらのめ」をたくさん食べたいと思っているのです。

(3)たらのめを「てんぷらや　おひたしに　すると……とても　おいしいのです。」とあります。鹿や熊、いも虫などの動物や昆虫だけでなく、「ひと」もまた、たらのめを好んで食べるのです。

(4)動物や昆虫にかじられても、「ひと」に採られても、下の芽（「わきめ」）が目を覚まして伸びていくため、たらのめはなくなることがないのです。

(5)まず、「たらのき」と「たらのめ」について説明し、次に、たらのめが好きな鹿や熊などの動物について説明しています。さらに、「ひと」もたらのめをもぐことについて述べ、最後に、芽をもがれたたらのきがどうなるかを説明しています。

チェックポイント　説明の順序②

(5)は、文章全体に書かれている順序を問う問題です。このような問題では、まず、文章全体を読んでいくつかのまとまりに分けます。そして、どのような順序で書かれているかを正しく読み取っていくようにします。

● 11日 22・23ページ

1 (1)・アフリカ・にし・おおきな
・ねったい・みどり

(2)（順に）3・2・1
(3)ひと・くさ・き（「くさ」「き」は順不同）

指導の手引き

❶ (1)文章の初めの部分で、サハラ砂漠の場所とその大きさについて、「せかいで　いちばん　おおきな　さばく」であると説明されています。また、「その　みなみの　まんなか」の「その」は、サハラ砂漠のことを指しています。サハラ砂漠の南側は、熱帯の草や木が生い茂り、緑の多いところであることに着目します。
(2)草や木が生い茂っていたサハラ砂漠が、世界でいちばん大きな砂漠になるまでの様子を、順序よく読み取ります。また、大きな砂漠ができた原因が、人々が暮らしのために木をどんどん切ったためであるということにも着目します。
(3)最後の段落で、草や木は、人間にとってとても大切なものであり、そのことをサハラ砂漠が示していると筆者のまとめが述べられています。

チェックポイント　筆者の考えを読み取る

説明文では、文章の初めか最後の部分に筆者の考えがまとめられていることがあり、特に最後に述べられている場合が多くみられます。この文章でも、サハラ砂漠について説明することで、「草や木は、人間にとってとても大事なものである。」という筆者が最も述べたかったことが、最後の段落に書かれています。正しく読み取れたかを確かめてあげてください。

●12日　24・25ページ

1 (1)きのこ
(2)イ
(3)ガラス
(4)ア
(5)どんぐり・おふとん

指導の手引き

1 (1)どんぐりがきのこに話しかけている場面です。「わたし」はどんぐりなので、「あなた」はきのこのことです。この物語のように、会話から登場人物とその関係を読み取る問題には、十分注意して取り組ませます。
(2)どんぐりは、きのこのそばなら、立派な木になれそうだと言っています。ここから、きのこのそばにいることで、心強さを感じているどんぐりの気持ちが読み取れます。
(3)空気が冷えてまわりの風景がすきとおった様子をたとえを使って表現しています。どんぐりが眠るときが近づいていることを印象的に表現しています。
(4)どんぐりは、春を迎えるまで土の中で眠ってしまいます。そんなどんぐりは、「春になったら、またきのこに会いたい」と思っているのです。
(5)「おふとん」は、眠るときに温かく体を包むものです。木になるために眠ったどんぐりをやさしく抱いて見守っているきのこの様子を表現しています。

チェックポイント　気持ちを読み取る ①

この物語では、どんぐりときのこの、互いに相手のことを思いやる気持ちが表現されています。物語文を読むときは、人物がどんな気持ちだったかということだけでなく、相手のことをどのように思っているかについても、考えることが大切です。

●13日　26・27ページ

1 (1)ランドセル
(2)ア
(3)(例)どうしよう
(4)ウ

指導の手引き

1 (1)文章の初めの部分に、とおるちゃんにランドセルを見せようと思っているけんちゃんの気持ちが書かれています。けんちゃんの気持ちとそのあとの「ほら、ランドセル。ぼくのだよ」という言葉から、その行動の目的を読み取ります。

(2)けんちゃんは、とおるちゃんにランドセルを見せるために肩をひねりました。しかし、その背中にランドセルはなかったのです。「ぽかんとする」は、あきれたりびっくりしたりする様子を表す言葉です。

(3)「かお　いっぱいに　くちを　あけて」の部分から、けんちゃんが大きな口を開けていること、つまり大声で泣いていることがわかります。ランドセルがなくなったことに気づいたけんちゃんは、大きなショックを受けているのです。

(4)「ほんとうの　おにいちゃんのように」の部分から、とおるちゃんのやさしくて頼りがいのある様子がわかります。とおるちゃんは、困っているけんちゃんを何とかして助けたいと思っているのです。

チェックポイント　気持ちを読み取る ②

物語の中で、人物の気持ちは変化していきます。ここでは、ランドセルを得意気に見せようとしていたけんちゃんが、ランドセルがなくなっていることに気づき、大声で泣き出しています。また、何もない背中を見せられて戸惑っていたとおるちゃんが、最後の場面でけんちゃんのことをやさしくなぐさめていることにも注目します。

● 14日　28・29ページ

1
(1)マミ
(2)サイレン
(3)・せわ　・ねて
(4)おねえちゃん
(5)いやな・ふたつ

指導の手引き

1 (1)アイちゃんの「おねえちゃん」なので、マミのことです。物語文では、登場人物が名前以外の呼び方をされることがあるので、注意します。

(2)消防自動車のサイレンは、とても大きな音です。マミの泣き声はそれほど大きかったのです。

(3)すぐあとの文に、「おかあさんは、……いそがしいし、おとうさんは、……こないし。」と、マミが我慢していた二つのことが書いてあります。解答欄にあてはまるように、それぞれ抜き出します。

(4)マミは、アイちゃんという妹ができて、「おねえちゃんに　なったんだから」と思って、これまでいろいろなことを我慢してがんばっていたのです。

(5)今日は学校で嫌なことが二つもあり、そのせいで、マミの我慢は限界に達したのです。

チェックポイント　気持ちの変化の理由

この物語の中で、マミの泣き声はさらに大きくなりますが、それには理由がありました。自分はおねえちゃんなのだからと我慢をしていたのに、それをお母さんに言われて我慢できなくなったのです。物語文を読むときは、登場人物の心情の変化に注意し、またその変化の理由について正しく読み取ることが大切です。

● 15日　30・31ページ

1
(1)しろい　すじ
(2)ドリル・まんまる
(3)イ
(4)(じまんの)　しょっかく
(5)からだが　おおきい

指導の手引き

1 (1)文章の初めの部分で、「シロスジカミキリ」という名前が付けられた理由について説明しています。「シロスジカミキリの　なまえは、……から　つけられた。」の一文に着目します。

(2)「ドリル」は、ものに穴をあけるための道具です。「まるで……(の)ように……だ」と、たとえを使ってシロスジカミキリが木から出たあとの様子を説明しています。

(3)「えっちら　おっちら」という言葉は、たとえば山登りのときなどにゆっくりとがんばって登っていく様子を言い表す言葉です。

(4)すぐ前に、「この　しょっかくが　あれば」とあります。シロスジカミキリは、触角を使ってものに触ったり、においをかぎ分けたりするのです。

(5)最後の文で、「……ので、……たいへん　ながい」と、シロスジカミキリの食事の時間が長い理由について説明しています。大きい体を保つためにたくさん食べる必要があるので、食事の時間が長くなるのです。文章の初めのほうにも、「ぞうきばやしに……いちばん　おおきい」と書かれています。

チェックポイント　理由を説明する文

説明文では、理由を説明する文がよく出てきます。(1)のようにすぐあとに理由を説明する文がある場合や、(5)のように「……ので、……」という言い方で理由を説明する場合などがあります。どのようなことに対して、どのような理由を説明しているのか、注意して読み取ることが大切です。

●16日　32・33ページ

❶ (1)たかしくん

(2)つば・ドク・かんじかた

(3)アセモだらけ

(4)イ

(5)あな・バイキン

指導の手引き

❶ (1)二つあとの文で、説明されています。蚊に刺された二人のうち、顔がひどくはれたのは、たかしくんのほうでした。

(2)かずこちゃんのお父さんの言葉の中から、抜き出して答えます。かずこちゃんのお父さんは、「蚊に刺されてかゆくなったわけ」と「顔のはれ方にちがいがあったわけ」を話しています。たかしくんの方がかゆみを感じやすかったからひどくはれたのです。

(3)夜の温泉の場面で、二人のアセモに気づいたことを読み取ります。

(4)「うわあ、ふたりとも　アセモだらけだ！」と言ったときの、たかしくんのお父さんの気持ちを考えます。思いがけない様子を見て、たかしくんのお父さんはとてもびっくりしているのです。

(5)たかしくんのお父さんの言葉の中に、アセモになる原因が書かれており、最後の段落にはアセモを防ぐための方法が説明されています。

チェックポイント　いろいろな説明文

この文章は説明的文章ですが、物語的な書き方をしています。(2)や(3)の問題は、登場人物の言葉の中から答えを見つけます。ほかにも説明文の中には、いろいろな形式のものがあるので、日頃からさまざまな説明文に触れておくことが大切です。図書館などでお子さんと一緒に本を探してみましょう。

●17日　34・35ページ

1 (1)パンパン

(2)としょがかり

(3)・きんぎょちゃん
・おはなさん（順不同）

(4)ウ

(5)イ

指導の手引き

1 (1)「パンパン」は、音を表す擬音語と呼ばれる言葉です。先生がたたいた手の音が、威勢のいい、大きな音だったことがよくわかります。

(2)直前のあさのさんの言葉から、どの係に決めたのかがわかります。「ぼく」と違って、あさのさんは真っ先に係を決めたことにも注目します。

(3)「きんぎょちゃんがかり」は、金魚が死んだら嫌、「おはなさんがかり」は誰が花を持ってくるのかわからないという理由で、「ぼく」はやるかどうかを迷っていることを読み取ります。

(4)すぐに係を決めたあさのさんは、なかなか係を決められない「ぼく」の態度にあきれているのです。

(5)あさのさんに「ぐずね。」と言われたときの、「ぼく」の気持ちを想像して答えます。「ぼく」が涙をこぼしそうになっていることにも着目します。

チェックポイント　登場人物の性格

この物語に出てくる、「ぼく」とあさのさんは、対照的な性格です。あさのさんは物事をすぐに決めてしまいますが、「ぼく」はどうしようかと悩んでしまう性格です。その性格の違いが、係を自分で決めるときの態度にも出ています。また、「ぼく」の態度を見て「ぐずね。」と言うあさのさんと、その言葉に対し、涙がこぼれそうになる「ぼく」にも、その性格の違いが表れています。このように、物語を読むときは、人物の性格についても正しく読み取ることが大切です。

● 18日　36・37ページ

1 (1)セミ

(2)一ぴき

(3)イ

(4)おどる・ジャンプ

(5)ア

指導の手引き

1 (1)「虫とりアミ」は、虫を捕まえるための網です。男の子たちが捕まえようとしたのがどんな虫なのかを読み取ります。「どうやら……セミを　つかまえて　いないようだった。」の一文に着目します。

(2)「いちばん　小さな　男の子だけが、……」の、「だけ」という言葉に注目します。ほかの二人の男の子はすでにセミを捕まえたので、網を振り回していなかったのです。

(3)網を振り回してセミを捕まえようとしている小さな男の子を、ほかの二人の男の子が見守っています。何とかセミが捕れるようにと、応援している様子がわかります。

(4)「ジャンプする」は、上に飛び上がることです。「おどるように　なんども　ジャンプして」という表現から、二人の男の子の、とても喜んでいる様子がわかります。

(5)遠くから男の子たちを見守っていた「ぼく」も、うれしい気持ちになりました。だから、知らないうちにベンチから立ち上がっていたのです。

チェックポイント　それぞれの気持ち

この物語の登場人物は、セミを捕まえようとしている小さな男の子、それを見ている二人の男の子、そして「ぼく」の四人です。場面の変化に従って、登場人物それぞれの気持ちが変化していることに着目します。

● 19日　38・39ページ

1 (1)しらんかお

(2)イ

(3)イ

(4)たんじょうかい・ぜんやさい

指導の手引き

1 (1)「サイレンなき」とは、とても大きな泣き声をたとえた表現です。「サイレンなき」をしていたのはマミちゃんで、だんだんおさまってきたのを、「わたし」は「しらんかおを　するのが、いいのね」と考えています。

(2)「おねえさんごえ」は、妹をいたわるやさしい声を表現しています。泣いているマミちゃんをなんとかしてなぐさめようとしている気持ちが表れています。

(3)「目をぱしぱしさせる」は、目を開けたり閉じたりすることで、どうしてよいかわからず、とまどっている様子を表します。急に「たんじょうかいの、ぜんやさいを　しょうよ」と言われたマミちゃんは、「たんじょうかいの、ぜんやさい」が何のことかわからず、とまどっているのです。

(4)「おねえさんごえ」で、マミちゃんに言っている言葉から考えます。コスモスや、カレーの皿やスプーン、箸などの食器、プリンなどのさまざまな準備は、泣いているマミちゃんを喜ばせるための、誕生会の前夜祭のためのものだったのです。

チェックポイント　全体を読んで答える

物語文では、(4)のような文章全体を読んで答える問題が出題されることがあります。マミちゃんが楽しみにしていたものは何だったのか、思いついた「いい　こと」とはどんなことだったのか、すぐにはわからず、最後まで読むことでその答えがはっきりします。「たんじょうかい」「ぜんやさい」など、見落としてはならない大事な言葉に注目して、文章全体を読んで答えることが大切です。

● 20日　40・41ページ

1 (1)なぞなぞ
(2)ア
(3)オムレツ
(4)トマト
(5)ウ

指導の手引き

1 (1)文章の初めの女の子の言葉から考えます。女の子は、お母さんとなぞなぞをしたいと思っています。それに対し、お母さんも賛成しています。

(2)「きりっと　エプロンの　ひもを　しめなおし」というお母さんの態度と、「さ、おなかすいたでしょ」という言葉から、ごはんを作ろうと張り切っている様子が想像できます。

(3)直後の、女の子の言葉から答えます。女の子は、なぞなぞの答えがすぐにわかったのです。お母さんも「大あたり!」と言っているので、答えは「オムレツ」です。

(4)直後の女の子の言葉から答えないように注意します。女の子は「リンゴ」と答えていますが、間違いでした。なぞなぞの正しい答えは、最後のお母さんの言葉からわかります。

(5)「ぽんぽん　はねながら」答える様子から、なぞなぞの答えがわかったと思って喜び、楽しそうに跳びはねている、女の子の様子が読み取れます。

チェックポイント　動作からわかる気持ち

(2)や(5)の問題は、人物の動作から気持ちや様子を読み取る問題です。物語文では「悲しい」「楽しい」などの言葉はなくても、人物の動作から、そのときの気持ちがわかることがあるので注意します。

● 21日　42・43ページ

1 (1)タッくん
(2)ものおき
(3)おとうさん
(4)ふるい　はちまき・やぶれて
(5)ほこりだらけ
(6)イ

指導の手引き

1 (1)おばあちゃんとタッくんが話している場面です。タッくんはおばあちゃんに、物置の中を見たいと言っています。

(2)「ちょっとだけ」とは、物置の中をちょっとだけ見るということです。おばあちゃんは、「少しだけ」という条件で、タッくんに物置の中を見せてくれたのです。

(3)前の部分から読み取ります。とっくに捨ててしまったと思っていたタッくんのお父さんの子どもの頃の椅子が物置にあったのです。

(4)直後の文に、椅子の様子が書かれています。この椅子が、お父さんが子どもの頃に使っていた椅子なのです。

(5)「ごほごほ」は、ほこりのためにせきこむ様子を表しています。ほこりだらけなので、せきこんでしまうと言っているのです。

(6)物置の中はおもしろそうなので、タックんはおばあちゃんには内緒で入ってみることにしました。ここでは、音を立てないように静かにする様子を表す「そっと」があてはまります。

チェックポイント　場面の様子に注目する

物語を読むときには、場面の様子に着目することが大切です。この物語には、お父さんが使っていた椅子など、古いものが入れてある物置が出てきます。おばあちゃんと一緒にこの物置の中に入ったタックんが、どのように思い、どのように行動したのかを正しく読み取ります。

●22日　44・45ページ

1 (1)①からだの　なか　②たべもの

(2)ア

(3)ウ

(4)(よい)　えいよう

指導の手引き

1 (1)①文章の初めの部分に、「『は』は　からだの　なかから　はえて　きます」とあります。丈夫な歯は、体全体の健康とも関係があるのです。②「それは　たべものの……。」の一文の「それ」は、歯のことを指しています。

(2)次の文にある「よわい　『は』や　ぼろぼろの　『は』」とは、対照的な歯です。よって、ア「じょうぶ」があてはまります。

(3)丈夫な歯が、食べ物の栄養から作られるということから考えます。それは、「食べ物から栄養をとること」、つまり、偏らず「なんでも　たべる」ことにつながるのです。

(4)文章の最後の部分に「すると　おなかの　なかで　みんな　よい　『えいよう』に　なります」とあります。丈夫な歯で食べることによって、食べ物は体を作る栄養になるのです。丈夫な体を作るためにも、丈夫な歯は大切なのです。

チェックポイント　文章の要旨をとらえる

説明文では、文章の要旨をとらえることが大切です。「要旨」とは、文章における大事な内容のことです。この文章の場合は、「『栄養』でよい歯が作られ、よい歯が『栄養』を作ることになる」ということです。お子さんが正しく理解しているか、確かめてあげてください。

●23日　46・47ページ

1 (1)・タアー　タアー
・あかい
・くろい

(2)ようじんぶかい

(3)あさく・ゆるやか

(4)・かい
・かえる（順不同）

指導の手引き

1 (1)文章の初めの三つの段落に書かれている、「とき」の鳴き声と体の色についてまとめます。季節によって、体の色が変わることにも注目します。

(2)敵に襲われないように、すぐには地面におりてこないのです。このことから、ときの用心深い様子がわかります。「用心」は注意すること、「深い」はその様子の度合いが強いということを意味しています。

(3)足が短いときにとって、田んぼは生きていくのに都合がよい場所なのです。田んぼを作る村人との共生についても読み取れるとよいでしょう。

(4)最後の段落に書かれている、ときの餌についてまとめます。ときは小魚や貝、かえるや虫など、さまざまなものを食べているのです。このようにいくつかの内容が並べられている文では、ひとつずつ確認して答えていくことが大切です。

チェックポイント　話題を正しくとらえる

この文章は、「とき」という鳥について書

かれています。その鳴き声や体の色、習性や餌場、餌など、大事なことを落とさないように読み取ります。

●24日 48・49ページ

1 (1)おおいぬのふぐり
(2)はたけ・たんぼ
(3)ちいさ〜せんよ(んよ、)
(4)おく
(5)(ついた)かふん・べつの　はな

指導の手引き

1 (1)文章全体の話題をとらえます。この文章は、「おおいぬのふぐり」という花について説明しています。

(2)二段落目に、「……や、……など……に　さいて　います。」と、どこに咲いているのかが説明されています。解答欄にあてはまる言葉を抜き出します。

(3)直後の二行に注目します。あとにある「そういって　いるようです」という表現にも着目しましょう。どこに書かれているかを、まず見つけて、その最初と最後の指定された字数の文字を書くことに注意します。

(4)「あまい　みつは　はなの　おくに　あります。」の一文からわかります。花びらについている青いすじをたどっていくと、「めしべの　ねもと」に着くことにも着目します。

(5)文章の最後の部分に書かれています。おおいぬのふぐりは、花粉を虫に運んでもらうことによって仲間を増やしていきます。このような植物を虫媒花《ちゅうばいか》といい、ほかに、さくらやれんげそうなどがあります。花の色や香りがよいものが多く、それで虫を誘っています。おおいぬのふぐりと、蜜をもらうあぶがどのような関係なのかについても考えさせましょう。

チェックポイント　関係を正しくとらえる
この文章は、「おおいぬのふぐり」とはどんな花かという説明だけではなく、「おおいぬのふぐり」とその蜜をなめる「あぶ」との関係についても説明してあります。「あぶ」は単に蜜をもらうだけではなく、その際に体についた花粉を別の花に届けるという、「おおいぬのふぐり」の繁殖を手助けする役割も果たしていることに着目します。

●25日 50・51ページ

1 (1)①そこ
②こども
(2)ウ
(3)(順に)4・2・1・3
(4)かたまって

指導の手引き

1 (1)①「よく　みると、……」の一文に着目します。「……が　ひっそりと　くらして　います。」とあります。②次の文に「トンボのこどもです。」とあります。ヤゴはトンボの幼虫なのです。

(2)「そろそろ　トンボに　なる　ために……」の一文から考えます。ヤゴはトンボになるために池から出ていかなければならないのです。

(3)夜の間の、ヤゴがトンボになるまでの様子が、順序よく書かれています。ヤゴが脱皮のために水から出てトンボになるまでを、順番を間違えないように丁寧に文章と照らし合わせ、正しく読み取ります。

(4)ヤゴが脱皮をしてトンボになったばかりのときは、「からだが　じゅうぶん　かたまって　いない」状態のため、すぐに飛ぶことはできません。そのため、スズメバチなどの敵に見つからないように注意しなければならないのです。

チェックポイント　変化を正しくとらえる
この文章では、ヤゴが成長してトンボになる様子が、詳しく描かれています。(3)は、その過程の順序を正確に読み取る問題です。

● 26日 52・53ページ

1 (1)エレベーター
(2)かいだん
(3)①イ
②ア

2 (1)おもしろい
(2)ア

指導の手引き

1 (1)ストローを使って勢いよくジュースを飲むときに、ストローの中をジュースが通っていく様子を、エレベーターにたとえています。勢いよく昇っていくエレベーターを想像してみます。

(2)ストローなしで、ジュースを飲む様子を階段にたとえています。一口ずつ飲む様子を、一歩一歩、階段を上がっていく様子と重ねています。

(3)ア「ごっくん　ごっくん」は、一口ずつ飲む様子、イ「すーいすい」は一息に飲む様子を、それぞれ表しています。

2 (1)詩の表現では同じ言葉を繰り返すことがよくあります。二つの連が、同じ「はしるのだいすき」で始まっているので、終わりも同じだろうと想像します。

(2)楽しそうに走っている様子がわかるように、リズムにのって読みます。お子さんと一緒に実際に声に出して読み、どのような感じがするかを確かめます。

チェックポイント　たとえの表現

詩では、たとえの表現がよく使われます。「ジュース」の詩では、「……みたい」という言い方に着目します。ここでは、ストローでジュースを飲むときの「エレベーターみたいに」、ストローなしでジュースを飲むときの「かいだんみたいに」という、二つのたとえが使われています。それぞれ、そのたとえている様子の違いについても考えるようにします。

● 27日 54・55ページ

1 (1)ウ
(2)イ

2 (1)イ
(2)ウ

指導の手引き

1 (1)「ちらちら」という言葉で、たくさんのすずめがとまった木の葉っぱが、うれしさとくすぐったさで細かくゆれている様子を表しています。

(2)「ぼく、／木になりたい。」のあとから、自分が木になって、そこにたくさんのすずめがとまりにきているという、作者が想像した世界を詩の中で描いています。

2 (1)一年生の楽しい学校生活を、「〜せい」という言葉をたくさん使ったリズムのある言葉遊びで表現した詩です。前半の二連では「〜せい」のつく言葉を並べ、後半の二連の一部では「〜しなさい(〜せよ)」という意味の「〜せい」を並べていることにも気づかせます。

(2)「せい」を繰り返す言葉のリズムを味わいながら、テンポよく、楽しい感じで元気に読むようにします。

チェックポイント　さまざまな詩

「木」は、作者が想像したことを描いた詩です。一方、「いちねんせい」は、言葉遊びを扱った楽しい詩です。このように詩にはさまざまなものがあるので、読むときは、その詩がどのような詩であるのかを考えるようにします。

● 28日 56・57ページ

1 (1)ア
(2)①イ　②エ
(3)イ

2 (1)(順に)1・3・2・5・4
(2)イ

指導の手引き

1 (1)日記の初めには、その日の日付(○月○日○曜日など)を書きます。また、天気などを書く場合もあります。自分の名前や題名は、作文の場合には書きますが、日記ではふつう書きません。

(2)その日にあったことを書くのが日記の基本です。また、感想などのほかに、日記に「いつ、どこで、誰と、何をした」ということを書いておくと、あとでその日のことを振り返るときにも役立ちます。

(3)日記には、実際にあったことやしたことだけでなく、そのときに思ったことや考えたことなども書く場合があります。これによって、考える力や文章を書く力を育てることにもなります。

2 (1)手紙には、書く順序にきまりがあります。この手紙の場合は、①相手の名前、②初めの挨拶、③お礼の言葉(本題)、④今の自分の様子、⑤自分の名前、という順に書いています。手紙の書き方の定型は覚えておくようにします。実際に誰かに手紙を書かせてもよいでしょう。

(2)手紙を書くときは、まず、いちばん伝えたいことは何かを考え、それを中心に書いていくと、手紙を読む相手に伝わりやすい内容になります。

チェックポイント　日記や手紙の書き方

日記や手紙にはきまりがあり、窮屈な感じもしますが、きまりに従えば書きやすく、相手にも伝わりやすいものです。一度、きまりに従って書いてみるとよいでしょう。

● 29日 58・59ページ

1 (1)①オ　③ウ

(2)もらいました

2 (1)ア

(2)イ

(3)「よかったね。」

指導の手引き

1 (1)作文を書くときは、「見たこと」「したこと」「考えたこと」「話したこと」「聞いたこと」の区別がはっきりわかるように、文末表現に注意します。これによって、読み手や聞き手に伝わりやすく、内容を正確に伝えることができます。

(2)作文を書くときは、「だ・である」のような常体か、「です・ます」のような敬体に文末表現をそろえるように注意します。

2 (1)前の文があとの文の理由になっているので、**ア**「だから」があてはまります。作文を書くときは、接続語の使い方にも注意するようにします。

(2)体が一回転する様子を表す「くるっと」という言葉を使います。様子を表す言葉も、正しく使うようにします。

(3)人が話したことを書く場合は、かぎ(「　」)を使います。作文を書くときは、会話文のかぎ(「　」)が抜けていないか注意して書くようにします。

チェックポイント　書き終わったら見直す

作文を書き終わったら、間違っているところはないか、必ず見直すようにします。チェックするのは、次のようなところです。

・漢字や言葉遣いの誤り
・常体、敬体の不統一
・接続語や様子を表す言葉の使い方
・会話文のかぎ(「　」)の抜け
・句読点(、・。)の使い方

ほかにも、わかりにくい表現はないか、自分の言いたかったことは書けているかなどについても確認し、よりよい作文になるように工夫することも大切です。

● 30日 60・61ページ

1 (1)(例)いえで　まい日　れんしゅうを　した

(2)イ・ウ

2 (1)りょうて・ちきゅう

(2)さかだち

(3)ウ

指導の手引き

❶ (1)「いえで　まい日　かん字の　れんしゅうを　しました」とあります。直前に、「たくさんの　かん字を　おぼえるのが　むずかしくて」とあり、これが「いえで　まい日　かん字の　れんしゅうを」した理由になっています。同じ内容が書けていれば正解です。

(2)後ろの二つの段落で、二年生でがんばりたいことが書かれています。選択肢のちがいに気をつけて読み取るようにします。

❷ (1)すぐあとに、「ちきゅうを／りょうてで／ちきゅうをもっている」とあるので、持っているのは「ちきゅう」ということになります。ただし、この詩は、タイトルにあるように「さかだち」をしたときの様子を描いたものなので、本当の意味で「もっている」わけではありません。「ちきゅうを」という言葉が繰り返し出てくることにも着目します。

(2)二連目に「さかさまにもっている」とあります。作者は、タイトルにあるように逆立ちの状態で見ているのです。

(3)逆立ちをすると、見方が変わり、まるで両手で地球を持っているように思える……そんな、視点を変えたおもしろさを描いている詩です。

チェックポイント　**詩で出題される問題**

詩で出題されやすいのは、主に次のような内容です。

・たとえの表現
・繰り返しの表現
・音を表す言葉や様子を表す言葉（擬音語や擬態語）
・言葉のまとまり（連）の数
・描かれている季節
・どんな様子を表現しているか
・詩の種類
・音読の仕方

詩で使われる表現方法は、覚えておくようにします。

●しんきゅうテスト　62〜64ページ

❶ (1)しゃべる・（おおきな）　すこっぷ・ぱわーしょべる
(2)イ
(3)まちや　こうば
(4)しごと
(5)ウ

❷ (1)なつ
(2)イ
(3)ア

指導の手引き

❶ (1)最初の三つのまとまりに土や砂を「すくうどうぐ」が、小さい順に書かれています。「すこっぷ」は「もっと　たくさん」、「ぱわーしょべる」は「いっぺんに」掘ったりすくったりするとあります。

(2)直前に「たくさん　ほったり」とあるので、「すくいとる」様子も同様に「たくさん」であることをつかみます。選択肢の中で、たくさんすくっている様子に合うのは、イ「どっさり」です。「ふらふらと」は揺れる様子や安定しない様子を表すので、ここにはあてはまりません。

(3)前のまとまりに「まちや　こうばには　おおきくて　つよい　どうぐが　たくさん　あります。」と書かれています。小さな道具は「うち」で使いますが、大きい道具は町や工場で使うのです。

(4)すぐあとのまとまりの最初に「でも」とあるのに着目します。「でも」や「しかし」は、その前とあとで反対の内容を述べる場合に使います。つまり、「でも」のあとには「おなじ」ではないことが書かれているのです。前の例で考えると、大きい「ぱわーしょべる」と子どもが遊びに使う「しゃべる」は、土などをすくうという働きは同じですが、「ぱわーしょべる」は「いっぺんに」「たくさん」の仕事ができるのです。
(5) 働きは同じでも大きさの違う道具について説明した文章です。

❷
(1) 一行目の「なつの　そら　うみの　うえ」から、季節は夏だとわかります。夏のむくむくと高く盛り上がる入道雲の様子を描いた詩です。
(2) 「ぬんぬくぬくぬく　もっこっこ」「あとから　あとから　にゅうどうぐも」「ぬんぬくぬくぬく　せがのびる」などの表現から、どんどん大きくなっていく、夏の入道雲の様子が描かれていることがわかります。
(3) 「こうしんきょく」という詩の題名にも着目して、夏の空の入道雲の情景を想像しながら、大きな声で元気よく読みます。

チェックポイント　**文章の中心をとらえる**

❶の文章は、「道具」について書かれています。小さく身近な「しゃべる」から、大きな「ぱわーしょべる」まで、同じ「道具」でも役割が違うことを説明しています。文章を読むときは、挙げられている具体例ごとに、内容や順序を正しくとらえるようにします。